作者简介

高国伟　北京大学经济学博士毕业，现任国家电网公司能源研究院高级研究员，研究领域为国际能源合作、企业国际化等。

马　莉　浙江大学工学博士毕业，现任国家电网公司能源研究院企业战略研究所所长，高级工程师，能源电力体制机制与政策研究领域高级专家。

徐　杨　南开大学经济学博士毕业，现任国家电网公司能源研究院高级研究员，研究领域为企业战略规划、国际投资等。

高国伟　马莉　徐杨◎著

中国与『一带一路』沿线国家能源合作研究

人民日报学术文库

人民日报出版社

图书在版编目（CIP）数据

中国与"一带一路"沿线国家能源合作研究／高国
伟，马莉，徐杨著．—北京：人民日报出版社，
2017.8
ISBN 978-7-5115-4584-8

Ⅰ.①中… Ⅱ.①高…②马…③徐… Ⅲ.①能源经
济—经济合作—国际合作—研究—中国 Ⅳ.①F426.2

中国版本图书馆 CIP 数据核字（2017）第 047887 号

书　　名：中国与"一带一路"沿线国家能源合作研究
作　　者：高国伟　马莉　徐杨

出 版 人：董　伟
责任编辑：周海燕
封面设计：中联学林

出版发行：人民日报出版社
社　　址：北京金台西路 2 号
邮政编码：100733
发行热线：（010）65369509　65369527　65369846　65363528
邮购热线：（010）65369530　65363527
编辑热线：（010）65369518
网　　址：www.peopledailypress.com
经　　销：新华书店
印　　刷：三河市华东印刷有限公司

开　　本：710mm×1000mm　1/16
字　　数：200 千字
印　　张：12.5
印　　次：2017 年 8 月第 1 版　　2017 年 8 月第 1 次印刷

书　　号：ISBN 978-7-5115-4584-8
定　　价：68.00 元

前　言

　　"一带一路"建设是党中央、国务院统筹国内国际两个大局做出的重大战略决策，对于开创我国全方位对外开放新格局、推进中华民族伟大复兴进程、促进世界和平发展，具有划时代的重大意义。从2013年习近平总书记提出"一带一路"倡议至今，"一带一路"建设从无到有、由点及面，取得积极进展，形成了共商、共建、共享的合作局面。2017年5月，"一带一路"国际合作高峰论坛在北京召开，论坛达成广泛共识，进一步明确了"一带一路"建设的目标和方向。

　　能源合作是"一带一路"建设的重点领域。"一带一路"沿线是传统化石能源最为富集的地区，也是新能源发展的热点地区；是中国最重要的能源进口来源地，也是中国开展能源产能合作的重要目标市场。2015年3月国家发展改革委、外交部、商务部发布的《推动共建丝绸之路经济带和21世纪海上丝绸之路的愿景与行动》中提出，加强能源基础设施互联互通合作，推进跨境电力与输电通道建设；加大传统能源资源勘探开发合作，积极推动清洁、可再生能源合作；加强能源资源深加工技术、装备与工程服务合作。

　　"一带一路"是一个开放包容的合作平台，以亚欧大陆为重点，不限国别范围。为了便于数据统计和资料分析，本书将"一带一路"的范围限定为亚欧大陆的发展中国家，包括东南亚、南亚、中亚、中东、中东欧和俄罗斯。本书梳理了"一带一路"沿线整体、各区域及重点国家的能源储量、生产、消费和贸易情况，研究中国与"一带一路"沿线国家开展能源合作面临的形势和思路，并针对电力产能合作、核电合作、跨国电网互联、油气合作等重点领域提出合作措施。

本书的出版得到了国网能源研究院青年英才工程项目的资助。国网能源研究院是国家电网公司从事软科学研究及决策咨询服务的直属科研单位和智库机构，主要从事能源电力行业战略规划、电力体制改革、企业战略与运营管理等领域的研究和决策咨询。

本书在编写过程中召开了多次研讨会，方华（国务院研究室）、魏国学（发改委宏观经济研究院）、从威（全球能源互联网发展合作组织）、刘峰（台海出版社）、黎霆（国家粮食局）、周晔馨（北京师范大学）、刘拓（国家电网公司）、郭磊（国网城市能源研究院）等专家参加研讨会并对本书提出了宝贵建议。国网能源研究院张运洲、王广辉、蒋莉萍、柴高峰、周原冰、李伟阳、李连存、邱忠涛、张全、王耀华、牛忠宝、李英等领导和专家在每年的青年英才工程项目考核会上对项目及本书给予指导。国网能源研究院企业战略研究所代红才副所长及国际化发展课题组的国庆、赵天、梁才、林晓斌、刘龙珠也为本书的编写做了大量工作。

"一带一路"相关研究才刚刚起步，需要更多专家学者参与相关研究，为"一带一路"建设提供智力支撑。希望本书能对"一带一路"及国际能源合作领域的研究发挥有益作用，也希望读者能对本书提出宝贵的意见和建议。

目　录
CONTENTS

1. "一带一路"沿线国家能源整体概况

1.1 "一带一路"沿线国家能源储量

尽管"一带一路"沿线能源分布不均衡，但整体来看，"一带一路"沿线是能源相对富集的地区。中东油气资源十分丰富，俄罗斯及中亚油气和煤炭资源十分丰富，南亚、东南亚和中东欧煤炭资源也比较丰富。

1.1.1 石油储量

截止 2014 年底，"一带一路"沿线石油探明储量 1374 亿吨，占世界石油探明储量的 57.3%。从"一带一路"沿线各区域来看，中东和俄罗斯及中亚地区石油探明储量最为丰富，中东地区石油探明储量占世界探明储量的 47.7%，俄罗斯及中亚地区石油探明储量占世界石油探明储量的 8.3%。东南亚、南亚和中东欧石油探明储量相对较低，分别占世界石油探明储量的 0.8%、0.4% 和 0.1%。从国别来看，世界石油探明储量最高的 5 个国家（委内瑞拉、沙特阿拉伯、美国、伊朗和伊拉克）中，有 3 个国家位于"一带一路"沿线①。

表 1-1　"一带一路"沿线地区石油探明储量及与其他地区对比②

地区		探明储量（亿吨）	占世界探明储量比例
"一带一路"沿线	中东	1143.8	47.7%
	俄罗斯及中亚	199.0	8.3%
	东南亚	19.2	0.8%
	南亚	9.6	0.4%
	中东欧	2.4	0.1%
	沿线总计	1374.1	57.3%
其他地区	中南美洲	465.2	19.4%
	北美洲	328.5	13.7%
	非洲	182.2	7.6%
	东亚	28.8	1.2%
	西欧	14.4	0.6%
	大洋洲	4.8	0.2%
世界总计		2398.0	100%

1.1.2　天然气储量

截止 2014 年底，"一带一路"沿线天然气探明储量 143 万亿立方米，占世界天然气探明储量的 76.2%。从"一带一路"沿线各区域来看，中东和俄罗斯及中亚地区天然气探明储量最为丰富，中东地区天然气探明储量占世界探明储量的 42.7%，俄罗斯及中亚地区天然气探明储量占世界探明储量的 29.2%。东南亚天然气探明储量

---

① BP（2015）。
② BP（2015）。

也比较丰富，占世界探明储量的 2.9%。南亚和中东欧天然气探明储量相对较低，分别占世界探明储量的 1.2% 和 0.2%。从国别来看，世界天然气探明储量最高的 5 个国家（伊朗、俄罗斯、卡塔尔、土库曼斯坦和美国）中，有 4 个国家位于"一带一路"沿线①。

表1-2　"一带一路"沿线地区天然气探明储量及与其他地区对比②

地区		探明储量（万亿立方米）	占世界探明储量比例
"一带一路"沿线	中东	79.8	42.7%
	俄罗斯及中亚	54.6	29.2%
	东南亚	5.4	2.9%
	南亚	2.2	1.2%
	中东欧	0.4	0.2%
	沿线总计	142.5	76.2%
其他地区	非洲	14.2	7.6%
	北美洲	12.2	6.5%
	中南美洲	7.7	4.1%
	大洋洲	3.9	2.1%
	东亚	3.4	1.8%
	西欧	3.2	1.7%
世界总计		187.1	100%

1.1.3　煤炭储量

截止 2014 年底，"一带一路"沿线煤炭探明储量 3691 亿吨，占世界煤炭探明储量的 41.4%。从"一带一路"沿线各区域来看，俄

① BP（2015）。
② BP（2015）。

罗斯及中亚地区煤炭探明储量最为丰富，占世界探明储量的25.6%。南亚、中东欧和东南亚煤炭探明储量也比较丰富，分别占世界探明储量的7.2%、5.2%和3.3%。中东煤炭探明储量较少，占世界探明储量的0.1%。从国别来看，世界煤炭探明储量最高的5个国家（美国、俄罗斯、中国、澳大利亚、印度）中，有2个国家位于"一带一路"沿线[1]。

表1-3 "一带一路"沿线地区煤炭探明储量及与其他地区对比

地区		探明储量（亿吨）	占世界探明储量比例
"一带一路"沿线	俄罗斯及中亚	2282.3	25.6%
	南亚	641.9	7.2%
	中东欧	463.6	5.2%
	东南亚	294.2	3.3%
	中东	8.9	0.1%
	沿线总计	3690.9	41.4%
其他地区	北美洲	2451.7	27.5%
	东亚	1159.0	13.0%
	大洋洲	757.8	8.5%
	西欧	410.1	4.6%
	非洲	303.1	3.4%
	中南美洲	142.6	1.6%
世界总计		8915.3	100%

---

[1] BP（2015）。

1.2 "一带一路"沿线国家能源生产、消费和贸易

1.2.1 石油生产、消费和贸易

2014 年"一带一路"沿线国家石油产量 21.9 亿吨，占世界总产量的 51.8%；消费量 11.7 亿吨，占世界总消费量 27.8%；净出口 10.2 亿吨。沿线各区域中，中东和俄罗斯及中亚地区是石油净出口地区，净出口量分别为 9.5 亿吨和 4.7 亿吨；中东欧、东南亚和南亚是石油净进口地区，净进口量分别是 0.6、1.6 和 1.8 亿吨。

表 1-4　"一带一路"沿线石油生产、消费和贸易情况[①]

地区		产量（亿吨）	产量占比	消费量（亿吨）	消费量占比	净出口（亿吨）
"一带一路"沿线	中东	13.4	31.7%	3.9	9.3%	9.5
	俄罗斯及中亚	6.8	16.0%	2.1	4.9%	4.7
	中东欧	0.1	0.2%	0.7	1.6%	-0.6
	东南亚	1.2	2.7%	2.7	6.5%	-1.6
	南亚	0.5	1.1%	2.3	5.4%	-1.8
	沿线总计	21.9	51.8%	11.7	27.8%	10.2

---

① BP（2015）。

地区		产量 （亿吨）	产量占比	消费量 （亿吨）	消费量 占比	净出口
其他地区	非洲	3.9	9.3%	1.8	4.3%	2.1
	中南美洲	3.9	9.3%	3.3	7.8%	0.6
	大洋洲	0.3	0.6%	0.6	1.4%	−0.3
	北美洲	8.7	20.5%	10.2	24.3%	−1.6
	西欧	1.4	3.4%	5.5	13.0%	−4.0
	东亚	2.2	5.1%	9.1	21.5%	−6.9
世界总计		42.2	100%	42.1	100%	—

1.2.2 天然气生产、消费和贸易

2014 年"一带一路"沿线国家天然气产量 1.7 万亿立方米，占世界总产量的 49.5%；消费量 1.4 万亿立方米，占世界总消费量 42.0%；净出口 0.3 亿吨。沿线各区域中，中东、俄罗斯及中亚地区和东南亚是天然气净出口地区，净出口量分别是 1358、1918 和 501 亿立方米，南亚和中东欧是天然气净进口地区，净进口量分别是 283 和 603 亿立方米[①]。

表 1−5 "一带一路"沿线天然气生产、消费和贸易情况[②]

地区		产量 （亿立 方米）	产量占比	消费量 （亿立 方米）	消费量 占比	净出口 （亿立 方米）
"一带一路"沿线	俄罗斯 及中亚	7603	21.9%	5685	16.7%	1918
	中东	6010	17.3%	4652	13.7%	1358
	东南亚	2222	6.4%	1720	5.1%	501

---

① BP (2015)。
② BP (2015)。

地区		产量（亿立方米）	产量占比	消费量（亿立方米）	消费量占比	净出口（亿立方米）
	南亚	972	2.8%	1255	3.7%	−283
	中东欧	384	1.1%	987	2.9%	−603
	沿线总计	17191	49.5%	14300	42.0%	2892
其他地区	非洲	2026	5.8%	1201	3.5%	825
	大洋洲	552	1.6%	478	1.4%	73
	中南美洲	1750	5.0%	1701	5.0%	49
	北美洲	9484	27.7%	9494	28.3%	−10
	西欧	2218	6.4%	3498	10.3%	−1280
	东亚	1384	4.0%	3257	9.6%	−1873
世界总计		34606	100%	33930	100%	−

1.2.3 煤炭生产、消费和贸易

2014 年"一带一路"沿线国家煤炭产量 20.0 亿吨，占世界总产量的 24.5%。考虑到中国煤炭产量占世界 46.9%，中国与"一带一路"沿线国家煤炭产量共占世界 71.4%。2014 年"一带一路"沿线国家煤炭消费量 16.7 亿吨，占世界总消费量 20.5%；净出口 3.3 亿吨。沿线各区域中，东南亚和俄罗斯及中亚地区是净出口地区，净出口量分别是 3.9 和 2.1 亿吨，中东欧、中东和南亚是净进口地区，净进口量分别是 800 万、1900 万和 2.5 亿吨[①]。

---

① BP（2015）。

表1-6 "一带一路"沿线煤炭生产、消费和贸易情况①

地区		产量（百万吨）	产量占比	消费量（百万吨）	消费量占比	净出口（百万吨）
"一带一路"沿线	东南亚	661	8.1%	271	3.3%	390
	俄罗斯及中亚	551	6.7%	342	4.2%	209
	中东欧	253	3.1%	261	3.2%	-8
	中东	2	0.0%	20	0.3%	-19
	南亚	531	6.5%	776	9.5%	-245
	沿线总计	1997	24.5%	1670	20.5%	327
其他地区	大洋洲	604	7.4%	114	1.4%	490
	北美洲	1145	14.0%	1028	12.6%	116
	非洲	316	3.9%	207	2.5%	109
	中南美洲	135	1.7%	66	0.8%	68
	西欧	139	1.7%	384	4.7%	-245
	东亚	3829	46.9%	4695	57.5%	-866
世界总计		8165	100.0%	8165	100.0%	0

---

① BP（2015）。

2. "一带一路"沿线各区域能源行业分析

2.1 中东

（1）整体来看中东国家油气资源十分丰富，世界油气资源储量最丰富的十个国家约有一半集中在中东。中东油气产量高，出口规模大，沙特阿拉伯、伊朗、伊拉克、科威特、阿联酋、卡塔尔等中东能源大国对世界能源格局有重要影响力。

中东石油和天然气储量占世界比例分别为47.7%和42.7%；石油和天然气产量占世界比例分别为31.7%和17.3%；石油和天然气净出口量分别是国内需求的2.4倍和0.29倍。与石油相比，尽管天然气出口规模也比较大，但相对于储量和产量，天然气出口量仍有较大空间。中东国家煤炭储量和产量较低，对外依存度为95%，但中东国家对煤炭的消费量和进口量都很少，煤炭进口主要集中在部分油气资源缺乏的国家。

表 2-1 2014 年中东国家能源概况①

能源分类	石油	天然气	煤炭
储量	1144 亿吨	79800 亿立方米	8.9 亿吨
储量占世界比例	47.7%	42.7%	0.1%
产量	13.4 亿吨	6010 亿立方米	200 万吨
产量占世界比例	31.7%	17.3%	0.0%
消费量	3.9 亿吨	4652 亿立方米	2000 万吨
消费量占世界比例	9.3%	13.7%	0.3%
净进口	-9.5 亿吨	-1358 亿立方米	1900 万吨
对外依存度	-244%	-29%	95%

从石油储量来看,世界石油储量排名前10位的国家有5个位于中东,分别是沙特阿拉伯(第2位)、伊朗(第4位)、伊拉克(第5位)、科威特(第6位)和阿联酋(第10位);从产量来看,世界石油产量排名前10位的国家也有5个位于中东,分别是沙特阿拉伯(第1位)、伊朗(第6位)、伊拉克(第7位)、科威特(第9位)和阿联酋(第10位);从出口看,世界石油10大出口国有4个位于中东,分别是沙特阿拉伯(第1位)、阿联酋(第4位)、伊拉克(第4位)和科威特(第10位)。从对外依存度来看,中东大部分国家石油处于净出口地位,其中阿塞拜疆、阿联酋、阿曼、伊拉克石油净出口分别是国内消费的15倍、8倍、7倍和4倍。

从天然气储量来看,世界天然气储量排名前10名的国家中,有4个国家位于中东,分别是伊朗(第2位)、卡塔尔(第3位)、沙特阿拉伯(第5位)和阿联酋(第7位);从产量来看,世界天然气产量排名前10名的国家中,有3个位于中东,分别是伊朗(第3

---

① BP (2015)。

位)、卡塔尔(第 4 位)和沙特阿拉伯(第 9 位);从出口来看,世界天然气出口排名前 10 位的国家中,有 1 个国家位于中东,即卡塔尔,位列世界第 2 位。从对外依存度来看,也门、卡塔尔、阿塞拜疆、阿曼和伊朗 5 个国家是天然气净出口国,其中,也门和卡塔尔天然气出口量分别是国内需求的 7 倍和 3 倍以上。

(2)尽管整体上中欧油气资源十分丰富,但也有部分中东国家油气资源匮乏,对外依存度较高,这些油气资源匮乏的中东国家主要集中在黑海和地中海之间的安纳托利亚半岛附近,主要包括土耳其及周边国家。

中东国家中石油净进口国包括亚美尼亚、巴林、以色列、约旦、黎巴嫩、土耳其和巴勒斯坦,其中约旦、以色列、土耳其石油对外依存度达到或超过 90%。中东国家中天然气净进口国包括亚美尼亚、格鲁吉亚、以色列、约旦、科威特、叙利亚、土耳其和阿联酋,其中亚美尼亚、格鲁吉亚、土耳其天然气对外依存度超过 90%。这些国家大都远离油气资源丰富的波斯湾和里海沿岸,主要分布在黑海南岸和地中海东岸。

(3)中东国家最主要的电源是燃气发电和燃油发电,其中波斯湾和里海沿岸油气资源丰富的国家中燃气发电和燃油发电占比尤为高;黑海南岸和地中海东岸油气资源匮乏的中东国家则有一定比例的煤电、水电和核电。

中东国家燃气发电和燃油发电占比平均分别为 55.8% 和 27.7%。其他电源形式占比较小,水力发电、燃煤发电、核电和新能源发电各占 9.8%、4.7%、1.7% 和 0.3%。从各国情况来看,亚美尼亚、阿塞拜疆、巴林、伊朗、伊拉克、阿曼、卡塔尔、叙利亚、土耳其和阿联酋最主要的电源是燃气发电,其中巴林、阿曼、卡塔尔和阿联酋燃气发电占比超过 95% 甚至达到 100%。约旦、科威特、黎巴嫩、沙特阿拉伯和也门最主要的电源是燃油发电，其中约旦和黎巴嫩燃油发电占比超过 80%。格鲁吉亚是中东国家中唯一以水力发电为主要电源的国家。以色列是中东国家中唯一以燃煤发电为主要电源的国家，亚美尼亚是中东国家中唯一有核能发电的国家。

从电力行业规模来看，中东国家中伊朗、土耳其和沙特阿拉伯电力装机、发电量和用电量规模较大，均位列世界前 30 位之内。从电力对外依存度来看，中东大部分国家电力贸易规模不大，绝大多数国家对外依存度不超过 10%，其中电力对外依存度最高的是巴勒斯坦和伊拉克，对外依存度分别为 96% 和 15%。

表2-2 中东国家原油供需情况①

国家	储量		产量		消费		出口		进口		对外依存度
	绝对值(亿吨)	世界排名	绝对值(万吨)	世界排名	绝对值(万吨)	世界排名	绝对值(万吨)	世界排名	绝对值(万吨)	世界排名	对外依存度
亚美尼亚	0.0	-	0.0	-	0.0	-	0.0	-	0.0	-	-
阿塞拜疆	9.5	20	4353.3	23	265.9	-	4087.4	17	0.0	-	-1537.5%
巴林	0.2	69	288.8	58	803.5	-	759.7	32	1274.5	29	64.1%
格鲁吉亚	0.0	-	5.0	103	2.3	-	2.6	69	0.0	-	-113.2%
伊朗	214.6	4	15498.4	6	8916.7	-	6581.7	13	0.0	-	-73.8%
伊拉克	191.4	5	15264.4	7	3365.5	-	11898.9	4	0.0	-	-353.6%
以色列	0.0	-	2.4	106	1336.7	-	0.0	-	1334.3	28	99.8%
约旦	0.0	-	0.1	121	296.0	-	0.0	-	295.9	55	100.0%
科威特	141.9	6	13950.0	9	7004.9	-	6945.1	10	0.0	-	-99.1%
黎巴嫩	0.0	-	0.0	-	0.0	-	0.0	-	0.0	-	-
阿曼	7.5	24	4703.8	21	554.6	-	4149.2	16	0.0	-	-748.1%
卡塔尔	34.4	13	10241.0	14	3325.7	-	6915.3	11	0.0	-	-207.9%

① CIA World Factbook 数据库。

13

续表

国家	储量		产量		消费		出口		进口		对外依存度
	绝对值（亿吨）	世界排名	绝对值（万吨）	世界排名	绝对值（万吨）	世界排名	绝对值（万吨）	世界排名	绝对值（万吨）	世界排名	
沙特阿拉伯	366.1	2	57702.0	1	23449.2	-	34252.8	1	0.0	-	-146.1%
叙利亚	3.4	33	1909.6	52	1150.9	-	758.7	33	0.0	-	-65.9%
土耳其	0.4	56	235.7	60	2178.8	-	0.0	-	1943.1	22	89.2%
阿联酋	133.4	7	13940.1	10	1493.6	-	12446.5	3	0.0	-	-833.3%
巴勒斯坦	0.0	-	0.0	-	0.0	-	0.0	-	0.0	-	-
也门	4.1	30	650.7	43	436.6	-	214.1	46	0.0	-	-49.0%

注：[1]绝大多数国家原油储量数据为2013年底数据，个别国家为2012年或之前数据。[2]原油产量数据为2013年数据，部分国家为2012年数据，大部分出口数据为2013年、2011年或2010年数据。[3]原油消费数据是根据出口和进出口情况估算的数据。[4]大部分国家进口和出口原油对应的世界排名用"－"表示。[5]绝对值为0的数据为0年数据。消费量为0的国家对外依存度用"－"表示；CIA World Factbook数据库中未提供原油消费量排名的数据，用"－"表示。

表 2-3 中东国家天然气供需情况①

国家	储量		产量		消费		出口		进口		外依存度
	绝对值(亿立方米)	世界排名	绝对值(亿立方米)	世界排名	绝对值(亿立方米)	世界排名	绝对值(亿立方米)	排名	绝对值(亿立方米)	排名	
亚美尼亚	0.0	-	0.0	-	20.6	80	0.0	-	20.6	49	100.0%
阿塞拜疆	9911.0	27	171.8	34	107.4	46	69.9	26	2.5	70	-62.8%
巴林	920.3	54	136.3	36	136.3	42	0.0	-	0.0	-	0.0%
格鲁吉亚	85.0	82	0.1	90	17.8	81	0.0	-	17.7	53	99.7%
伊朗	338000.0	2	1666.0	3	1622.0	4	94.0	21	50.0	32	-2.7%
伊拉克	31580.0	12	6.5	67	6.5	98	0.0	-	0.0	-	0.0%
以色列	2850.0	38	63.5	49	75.4	54	0.0	-	5.1	66	6.8%
约旦	60.3	87	2.3	76	7.1	96	0.0	-	4.8	67	68.3%
科威特	17980.0	21	155.1	35	181.8	39	0.0	-	26.6	46	14.7%
黎巴嫩	0.0	-	0.0	-	0.0	-	0.0	-	0.0	-	-
阿曼	8495.0	28	292.9	29	202.6	37	108.7	18	18.4	51	-44.6%
卡塔尔	250700.0	3	1564.0	4	355.8	28	1208.0	2	0.0	-	-339.5%

① CIA World Factbook 数据库。

续表

国家	储量 绝对值（亿立方米）	储量 世界排名	产量 绝对值（亿立方米）	产量 世界排名	消费 绝对值（亿立方米）	消费 世界排名	出口 绝对值（亿立方米）	出口 排名	进口 绝对值（亿立方米）	进口 排名	外依存度
沙特阿拉伯	82350.0	5	1030.0	9	1030.0	7	0.0	-	0.0	-	0.0%
叙利亚	2407.0	45	64.4	48	64.4	56	0.0	-	2.5	71	3.9%
土耳其	68.2	84	5.4	68	456.4	22	6.5	40	452.7	9	97.8%
阿联酋	60890.0	7	525.0	19	632.9	13	79.6	25	187.5	16	17.1%
巴勒斯坦	0.0	-	0.0	-	0.0	-	0.0	-	0.0	-	-
也门	4785.0	32	76.5	46	9.7	91	66.8	27	0.0	-	-690.1%

注：[1]天然气储量数据为2013年底数据。[2]大部分国家的天然气产量、消费、进口和出口数据为2012年数据，部分国家为2013年、2011年或2010年数据。[3]绝对值为0的指标对应的世界排名用"-"表示；CIA World Factbook数据库中未提供原油消费量排名数据，用"-"表示；消费量为0的国家对外依存度用"-"表示。

表2-4 中东国家电力供需情况①

国家	装机		发电量		用电量		出口		进口		对外依存度
	绝对值（万千瓦）	世界排名	绝对值（亿千瓦时）	世界排名	绝对值（亿千瓦时）	世界排名	绝对值（亿千瓦时）	排名	绝对值（亿千瓦时）	排名	
亚美尼亚	402.1	82	76.2	109	50.4	115	13.6	51	0.2	109	-26.6%
阿塞拜疆	639.8	70	229.9	71	202.9	70	8.1	63	1.3	93	-3.3%
巴林	316.9	90	130.0	88	121.2	85	1.9	78	0.4	106	-1.3%
格鲁吉亚	435.0	77	96.9	98	93.8	89	9.3	61	6.1	75	-3.4%
伊朗	6531.0	14	2258.0	21	1858.0	21	86.7	24	36.6	45	-2.7%
伊拉克	1120.0	53	623.0	44	534.1	45	0.0	-	82.0	28	15.4%
以色列	1625.0	46	644.4	43	598.3	41	42.0	32	0.0	-	-7.0%
约旦	319.3	89	172.6	77	145.6	79	0.6	87	3.8	82	2.2%
科威特	1350.0	50	540.1	50	469.3	50	0.0	-	0.0	-	0.0%
黎巴嫩	231.3	101	154.2	81	144.0	80	0.0	-	8.4	69	5.8%
阿曼	486.1	75	200.7	74	172.3	74	0.0	-	0.0	-	0.0%
卡塔尔	783.0	65	288.7	65	282.4	63	0.0	-	0.0	-	0.0%

① CIA World Factbook 数据库。

续表

国家	装机		发电量		用电量		出口		进口		对外依存度
	绝对值（万千瓦）	世界排名	绝对值（亿千瓦时）	世界排名	绝对值（亿千瓦时）	世界排名	绝对值（亿千瓦时）	排名	绝对值（亿千瓦时）	排名	
沙特阿拉伯	5115.0	19	2351.0	18	2116.0	19	0.0	-	0.0	-	0.0%
叙利亚	832.3	62	387.8	59	353.7	59	11.9	55	0.0	-	-3.4%
土耳其	5386.0	18	2281.0	20	1871.0	20	12.4	54	74.3	34	3.3%
阿联酋	2614.0	33	979.1	34	825.2	35	81.5	25	0.0	-	-9.9%
巴勒斯坦	14.0	167	5.4	162	51.2	113	0.0	-	49.1	42	95.9%
也门	153.3	114	58.3	117	41.4	123	0.0	-	0.0	-	0.0%

注：大部分国家为2013年数据，部分国家为2012年，2011年或2010年数据。

表2-5　中东国家电源结构①

国家	燃煤发电	燃油发电	燃气发电	水力发电	核能发电	非水可再生能源发电	总计
亚美尼亚	0.0%	0.0%	42.3%	28.9%	28.8%	0.0%	100%
阿塞拜疆	0.0%	2.2%	89.9%	7.9%	0.0%	0.0%	100%

① 世界银行数据库。

续表

国家	燃煤发电	燃油发电	燃气发电	水力发电	核能发电	非水可再生能源发电	总计
巴林	0.0%	0.0%	100.0%	0.0%	0.0%	0.0%	100%
格鲁吉亚	0.0%	0.0%	25.5%	74.5%	0.0%	0.0%	100%
伊朗	0.2%	27.3%	66.9%	4.9%	0.7%	0.1%	100%
伊拉克	0.0%	37.5%	53.7%	8.8%	0.0%	0.0%	100%
以色列	52.0%	2.9%	43.7%	0.1%	0.0%	1.3%	100%
约旦	0.0%	81.0%	18.6%	0.4%	0.0%	0.1%	100%
科威特	0.0%	63.8%	36.2%	0.0%	0.0%	0.0%	100%
黎巴嫩	0.0%	93.2%	0.0%	6.8%	0.0%	0.0%	100%
阿曼	0.0%	2.4%	97.6%	0.0%	0.0%	0.0%	100%
卡塔尔	0.0%	0.0%	100.0%	0.0%	0.0%	0.0%	100%
沙特阿拉伯	0.0%	55.3%	44.7%	0.0%	0.0%	0.0%	100%
叙利亚	0.0%	37.0%	52.6%	10.4%	0.0%	0.0%	100%
土耳其	27.0%	0.7%	43.6%	24.6%	0.0%	4.0%	100%
阿联酋	0.0%	1.4%	98.6%	0.0%	0.0%	0.0%	100%
巴勒斯坦	-	-	-	-	-	-	-

19

续表

国家	燃煤发电	燃油发电	燃气发电	水力发电	核能发电	非水可再生能源发电	总计
也门	0.0%	66.2%	33.8%	0.0%	0.0%	0.0%	100%
平均	4.7%	27.7%	55.8%	9.8%	1.7%	0.3%	100.00%

注：[1]以色列和土耳其数据年份为2013年，其他国家数据年份均为2012年。[2]世界银行数据库中无巴勒斯坦数据，且无其他途径获得上述两国数据，因而用"—"表示。

2.2 南亚

（1）南亚石油和天然气资源比较匮乏，产量较低，高度依赖进口能源；煤炭资源尽管相对丰富，但也无法满足需求，需要大量进口。整体来看，南亚能源对外依存度很高。

南亚人口约占世界总人口的23%，陆地面积约占世界陆地总面积的3.7%，而石油、天然气和煤炭探明储量分别仅占世界的0.4%、1.2%和7.2%，产量分别仅占世界的1.1%、2.8%和6.5%。南亚石油、天然气的储量和产量占比均低于陆地面积占比，更低于人口占比。煤炭储量和产量尽管高于陆地面积占比，但也低于人口占比。2014年，南亚石油、天然气和煤炭对外依存度分别达到78%、23%、32%。从各国情况来看，阿富汗、不丹、马尔代夫、尼泊尔和斯里兰卡等南亚国家人口相对较少，能源需求规模较小，通过充分挖掘水能、非水可再生能源潜力等措施，有可能实现能源自给或者将能源进口保持在较低比例。但对于印度、巴基斯坦和孟加拉国三个南亚人口大国，国内能源产量远远不能满足国内需求，短期内难以实现能源自给，必须大量依靠进口能源。

表 2-6　2014 年南亚能源概况[①]

能源分类	石油	天然气	煤炭
储量	9.6 亿吨	22000 亿立方米	641.9 亿吨
储量占世界比例	0.4%	1.2%	7.2%

---

① BP（2015）。

能源分类	石油	天然气	煤炭
产量	0.5 亿吨	972 亿立方米	5.3 亿吨
产量占世界比例	1.1%	2.8%	6.5%
消费量	2.3 亿吨	1255 亿立方米	7.8 亿吨
消费量占世界比例	5.4%	3.7%	9.5%
净进口	1.8 亿吨	283 亿立方米	2.5 亿吨
对外依存度	78%	23%	32%

（2）南亚地区石油储量和产量较低，主要依靠进口满足需求，印度、巴基斯坦、孟加拉国等人口大国均为石油进口大国。

南亚地区石油储量有限，产量较低，石油产量最高的印度年产量也仅排在世界第 25 位。南亚地区的印度、巴基斯坦、孟加拉国三国均为人口大国，对能源需求规模较大，因而需要大量进口石油，三国原油对外依存度均超过 80%。阿富汗基本能够实现原油自给自足。不丹、马尔代夫和尼泊尔几乎无原油生产，主要依靠进口成品油满足国内需求。

（3）由于基础设施落后、国内消费市场尚未完善等原因，印度之外的南亚其他国家天然气产量、消费量和进口量均较低，基本能够实现自给；印度作为天然气进口大国，天然气对外依存度较高。

印度是南亚地区唯一的天然气进口大国，对外依存度约 33%，印度巨大的天然气进口规模导致南亚地区整体天然气对外依存度较高。其他国家天然气进口较少，靠国内产量基本满足国内需求，主要原因有两个：第一，国内天然气资源的匮乏，尚未形成大规模的天然气消费习惯；第二，天然气基础设施落后，跨国输送管道和接收站建设滞后，进口通道和国内输送管道有限。从天然气供需来看，巴基斯坦、孟加拉国和阿富汗能够基本实现天然气自给自足。不丹、马尔代夫、尼泊尔和斯里兰卡天然气产量、消费量和贸易量均极少。但随着未来天然气管道和接收站建设的逐步完善,南亚地区天然气潜在进口需求较大。

(4)因能源禀赋的差异,南亚各国电源结构差别较大。印度、巴基斯坦、孟加拉国三个人口大国电源结构各有特色,分别以燃煤发电、燃油发电和燃气发电为第一大电源;喜马拉雅山麓的阿富汗、不丹和尼泊尔水力资源丰富,以水力发电为第一大电源。

在南亚各国中,阿富汗、印度、尼泊尔和不丹四国存在电力跨国贸易,其他国家无电力跨国贸易。阿富汗、印度、尼泊尔和不丹四国中,阿富汗、印度和尼泊尔为电力净进口国,其中阿富汗电力对外依存度达到74%;不丹为电力净出口国,净出口电量达到国内需求的3倍。

表 2-7 南亚国家原油供需情况①

国家	储量		产量		消费		出口		进口		对外依存度
	绝对值（万吨）	世界排名	绝对值（万吨）	世界排名	绝对值（万吨）	世界排名	绝对值（万吨）	世界排名	绝对值（万吨）	世界排名	
阿富汗	-	-	9.7	96	9.7	-	0.0	-	0.0	-	0.0%
孟加拉国	0.0	-	20.9	90	138.5	-	0.0	-	117.6	67	84.9%
不丹	0.0	-	0.0	-	0.0	-	0.0	-	0.0	-	-
印度	7.6	23	3780.3	25	22758.7	25	0.0	-	18978.4	3	83.4%
马尔代夫	0.0	-	0.0	-	0.0	-	0.0	-	0.0	-	-
尼泊尔	0.0	-	0.0	-	0.0	-	0.0	-	0.0	-	-
巴基斯坦	0.5	54	296.7	57	2152.7	57	0.0	-	1856.0	25	86.2%
斯里兰卡	0.0	-	0.0	-	181.1	-	0.0	-	181.1	60	100.0%

注：[1]绝大多数国家原油储量数据为2013年底数据，个别国家为2012年底数据。[2]原油产量数据为2013年或之前数据。
[3]原油消费数据是根据出口和进口情况估算的数据。[4]大部分国家出口数据为2012年数据，部分国家为2013
年，2011年或2010年数据。[5]绝对值为0的指标对应的世界排名用"-"表示；CIA World Factbook数据库中未提供原油消费量
排名数据；消费量为0的国家对外依存度用"-"表示；消费量为0的国家对外依存度用"-"表示。

① CIA World Factbook数据库。

表2-8 南亚国家天然气供需情况①

国家	储量		产量		消费		出口		进口		对外依存度
	绝对值（亿立方米）	世界排名	绝对值（亿立方米）	世界排名	绝对值（亿立方米）	世界排名	绝对值（亿立方米）	排名	绝对值（亿立方米）	排名	
阿富汗	496	63	1	79	1	105	0	-	0	-	0.0%
孟加拉国	2646	42	219	31	219	35	0	-	0	-	0.0%
不丹	0	-	0	-	0	-	0	-	0	-	-
印度	14270	23	360	25	540	14	0	-	180	18	33.3%
马尔代夫	0	-	0	-	0	-	0	-	0	-	-
尼泊尔	0	-	0	-	0	-	0	-	0	-	-
巴基斯坦	7546	29	414	21	414	24	0	-	0	-	0.0%
斯里兰卡	0	-	0	-	0	-	0	-	0	-	-

注：[1]天然气储量数据为2013年底数据。[2]大部分国家的天然气产量、消费、进口和出口数据为2012年数据，部分国家为2013年、2011年或2010年数据。[3]绝对值为0的国家对应的世界排名用"-"表示；消费量为0的国家对外依存度用"-"表示，用"-"表示；消费量排名数据，用"-"表示。

① CIA World Factbook数据库。

表2-9 南亚国家电力供需情况①

国家	装机		发电量		用电量		出口		进口		国家对外依存度
	绝对值（万千瓦）	世界排名	绝对值（亿千瓦时）	世界排名	绝对值（亿千瓦时）	世界排名	绝对值（亿千瓦时）	排名	绝对值（亿千瓦时）	排名	
阿富汗	48.9	143	8.3	152	30.2	132	0.0	-	22.5	59	74.3%
孟加拉国	1026	56	424.1	57	378.8	56	0.0	-	0.0	-	0.0%
不丹	150	118	75.5	104	18.4	144	56.3	30	0.4	104	-303.5%
印度	22330	5	9749	5	7579.0	6	1.3	81	56.1	39	0.7%
马尔代夫	7.7	181	2.7	180	2.5	183	0.0	-	0.0	-	0.0%
尼泊尔	74.6	131	34.3	128	28.3	133	0.3	89	7.2	72	24.4%
巴基斯坦	2366	35	898.8	36	803.0	37	0.0	-	0.0	-	0.0%
斯里兰卡	314.7	91	118.0	92	95.6	88	0.0	-	0.0	-	0.0%

注：大部分国家为2013年数据，部分国家为2012年、2011年或2010年数据。

① CIA World Factbook 数据库。

表 2 - 10　南亚国家电源结构①

国家	燃煤发电	燃油发电	燃气发电	水力发电	核能发电	非水可再生能源发电	总计
阿富汗		23.5%		76.5%	0.0%	0.0%	100%
孟加拉国	1.8%	11.5%	85.1%	1.6%	0.0%	0.0%	100%
不丹		0.7%		99.3%	0.0%	0.0%	100%
印度	71.1%	2.0%	8.3%	11.2%	2.9%	4.5%	100%
马尔代夫		99.9%		0.0%	0.0%	0.1%	100%
尼泊尔	0.0%	0.5%	0.0%	99.5%	0.0%	0.0%	100%
巴基斯坦	0.1%	35.9%	28.2%	31.1%	4.7%	0.0%	100%
斯里兰卡	11.8%	59.0%	0.0%	27.7%	0.0%	1.5%	100%
平均	17.0%	21.8%	24.3%	34.2%	1.5%	1.2%	100%

注:[1]数据年份为 2012 年。[2]世界银行数据库中未提供阿富汗、不丹和马尔代夫数据,本表格中三国数据来自 CIA World factbook 数据库。[3]平均数中不含阿富汗、不丹和马尔代夫三国数据。

----

① 世界银行数据库。

2.3 东南亚

（1）东南亚天然气和煤炭产量和储量较高，出口规模较大；而石油储量和产量有限，对外依存度较高。

截止 2014 年底，东南亚煤炭储量 294 亿吨，占世界 3.3%；2014 年东南亚煤炭产量为 6.6 亿吨，占世界 8.1%；煤炭消费量 2.7 亿吨，占世界 3.3%，消费量小于产量；煤炭净出口 3.9 亿吨，净出口是消费量的 1.44 倍。

截止 2014 年底，东南亚天然气储量 5.4 万亿立方米，占世界 2.9%；2014 年东南亚天然气产量为 2222 亿立方米，占世界 6.4%；天然气消费量 1720 亿立方米，占世界 5.1%，消费量小于产量；天然气净出口 501 亿立方米，净出口是消费量的 0.29 倍。

截止 2014 年底，东南亚石油储量 19.2 亿吨，占世界 0.8%；2014 年东南亚石油产量为 1.2 亿吨，占世界 2.7%；石油消费量 2.7 亿吨，占世界 6.5%，消费量大于产量；石油净进口 1.6 亿吨，对外依存度为 59.3%。

表 2-11　2014 年东南亚国家能源概况①

能源分类	石油	天然气	煤炭
储量	19.2 亿吨	54000 亿立方米	294 亿吨
储量占世界比例	0.8%	2.9%	3.3%
产量	1.2 亿吨	2222 亿立方米	6.6 亿吨

---

① BP（2015）。

续表

能源分类	石油	天然气	煤炭
产量占世界比例	2.7%	6.4%	8.1%
消费量	2.7亿吨	1720亿立方米	2.7亿吨
消费量占世界比例	6.5%	5.1%	3.3%
净进口	1.6亿吨	−501亿立方米	−3.9亿吨
对外依存度	59.3%	−29.1%	−144.4%

（2）从石油贸易角度来看，文莱、东帝汶、越南是东南亚地区石油净出口国，但出口规模较小；而新加坡、菲律宾、泰国等石油净进口国家的净进口规模很大，导致东南亚石油整体净进口规模较大。

从东南亚各国石油储量和产量情况来看，印度尼西亚和马来西亚是东南亚地区的石油大国，储量和产量均位列世界前30名；文莱、越南和泰国产量或者储量也位列世界前50名。从石油贸易情况来看，印度尼西亚和马来西亚是东南亚地区的石油出口大国，出口量位列世界前30位；新加坡和泰国是东南亚地区的石油进口大国，石油进口量位列世界前30位。从石油对外依存度来看，东南亚地区的文莱、东帝汶和越南是石油净出口国，其中东帝汶和文莱石油净出口分别达到国内消费量的39倍和12倍。新加坡、菲律宾是东南亚主要的石油净进口国，石油对外依存度均超过90%。泰国、马来西亚和印度尼西亚虽然产量甚至出口量很大，但是进口量更大，也是石油净进口国，对外依存度分别为63%、8%和5%。

（3）东南亚作为比较重要的天然气净出口地区，对世界天然气市场具有一定影响力。从天然气贸易角度来看，文莱、缅甸、印度尼西亚和马来西亚均是世界天然气市场重要的净出口国，净出口规模较大，大于新加坡、泰国和越南等国家天然气净进口国的净进口规模,因而东南亚整体上天然气净出口规模较大。

从天然气产量和储量来看,东南亚大部分国家具有较高的天然气产量和储量,其中印度尼西亚和马来西亚产量和储量最高,位列世界前 20 位;文莱、缅甸、泰国、东帝汶和越南储量或者产量也位列世界前 50 位。从天然气贸易情况看,印度尼西亚、马来西亚、文莱和缅甸是天然气出口大国,出口量均位列世界前 30 位;新加坡和泰国是天然气进口大国,进口量位列世界前 30 位。从天然气对外依存度来看,文莱、缅甸、印度尼西亚和马来西亚是天然气净出口国,其中文莱和缅甸天然气净出口量接近国内消费量的 3 倍,印度尼西亚和马来西亚净出口也接近国内消费量的 1 倍。新加坡、泰国和越南是天然气净进口国,其中新加坡天然气对外依存度达到 100%。

(4)东南亚地区电源结构与能源禀赋高度相关,丰富的天然气资源决定了东南亚第一大电源为燃气发电,另外东南亚水力和煤炭资源也比较丰富,水电和煤电是东南亚第二和第三大电源。

从各国电源结构来看,燃气发电是东南亚国家的第一大电源,占发电来源的 45.1%。其次依次是水力发电、燃煤发电和燃油发电,各占 20.5%、19.6% 和 11.7%。新能源发电占比为 2.9%。东南亚国家无核能发电。从各国情况来看,印度尼西亚和菲律宾第一大电源是燃煤发电;柬埔寨第一大电源是燃油发电;文莱、马来西亚、新加坡和泰国第一大电源是燃气发电,其中文莱、新加坡和泰国对燃气发电依赖程度较高,均超过 70%;缅甸第一大电源是水力发电,占比为 72.4%。在东南亚各国中,菲律宾新能源发电占比最高,达到 14.4%。

(5)东南亚国家之间电力贸易目前规模较小,绝大多数国家在国内基本实现供需平衡,但未来跨国电力贸易增长潜力较大。

印度尼西亚、泰国和马来西亚三国经济规模较大,电力需求较大，是东南亚地区发电装机规模最大的 3 个国家。东南亚地区目前电力贸易较小，主要是中国与大湄公河次区域国家之间的电力贸易以及东南亚地区内部毗邻国家之间的电力贸易。大部分国家无电力贸易或者电力贸易规模占国内需求的比例极小。柬埔寨和老挝两个国家电力贸易占国内电力需求比例较大，其中柬埔寨电力对外依存度达到64%，而老挝电力净出口规模相当于国内需求的64%。随着东盟推进跨国联网力度的加大以及中国与大湄公河次区域国家之间电网互联互通进程加快，预计未来东南亚电力贸易规模将快速增长。

表2-12　东南亚国家原油供需情况①

国家	储量 绝对值(万吨)	储量 世界排名	产量 绝对值(万吨)	产量 世界排名	消费 绝对值(万吨)	消费 世界排名	出口 绝对值(万吨)	出口 世界排名	进口 绝对值(万吨)	进口 世界排名	对外依存度
文莱	15004.0	42	672.6	42	63.7	-	736.3	34	0.0	-	-1155.9%
缅甸	682.0	78	99.6	72	99.6	-	0.0	85	0.0	-	0.0%
柬埔寨	0.0	-	0.0	-	0.0	-	0.0	-	0.0	-	0.0%
印度尼西亚	48981.2	29	4629.1	22	4879.5	-	1683.3	23	1933.7	33	5.1%
老挝	0.0	-	0.0	-	0.0	-	0.0	-	0.0	-	-
马来西亚	54560.0	27	3221.2	28	3481.0	-	1339.2	27	1599.1	37	7.5%
菲律宾	1889.1	68	119.5	69	1570.4	-	326.5	54	1777.5	34	92.4%
新加坡	0.0	-	2.5	105	5663.8	-	0.0	-	5661.3	10	100.0%
泰国	6121.6	51	2259.3	30	6051.5	-	160.3	49	3952.5	14	62.7%
东帝汶	0.0	-	394.6	51	9.9	-	384.7	39	0.0	-	-3903.0%
越南	6016.0	26	1738.5	32	802.6	-	936.0	31	0.0	-	-116.6%

注：[1]绝大多数国家储量数据为2013年底数据，个别国家为2012年或之前之数据。[2]原油产量数据为2013年数据，部分国家为2012年数据。[3]原油消费数据是根据生产和进出口情况估算得出的数据。[4]大多数国家原油进口和出口数据为2013年或2011年或2010年数据。[5]绝对值为0的国家对应的世界排名数据，用"—"表示；消费量为0的国家对应的世界排名数据，用"—"表示；CIA World Factbook数据库中未提供原油消费量排名数据，用"—"表示。绝对值为0的国家对外依存度数据用"—"表示。

① CIA World Factbook数据库。

表2-13 东南亚国家天然气供需情况①

国家	储量		产量		消费		出口		进口		对外依存度
	绝对值(亿立方米)	世界排名	绝对值(亿立方米)	世界排名	绝对值(亿立方米)	世界排名	绝对值(亿立方米)	排名	绝对值(亿立方米)	排名	
文莱	3908	34	120.6	38	30.2	75	90.4	22	0.0	—	−299.1%
缅甸	2832	39	117.7	42	33.0	72	84.7	24	0.0	—	−256.7%
柬埔寨	0	—	0.0	—	0.0	—	0.0	—	0.0	—	—
印度尼西亚	29550	13	724.7	12	376.3	25	348.4	11	0.0	—	−92.6%
老挝	0	—	0.0	—	0.0	—	0.0	—	0.0	—	—
马来西亚	23500	16	616.2	16	312.5	30	325.4	13	21.7	48	−97.2%
菲律宾	985	52	36.9	55	35.6	77	0.0	—	0.0	—	0.0%
新加坡	0	—	0.0	—	93.8	50	0.0	—	93.8	25	100.0%
泰国	2559	22	412.9	43	508.6	19	0.0	—	95.7	24	18.8%
东帝汶	2000	46	0.0	—	0.0	—	0.0	—	0.0	—	—
越南	6994	30	93.0	44	83.9	53	0.0	—	8.9	62	10.6%

注:[1]天然气储量数据为2013年底数据。产量、消费、进口和出口数据为2012年数据,部分国家为2013年、2011年或2010年数据。[2]大部分国家的天然气产量、消费、进口、出口数据库中未提供原始消费量且消费量排名的世界排名用"—"表示;CIA World Factbook数据库中未提供原始消费量数据,用"—"表示。[3]绝对值为0的国家对外依存度用"—"表示。

① CIA World Factbook数据库。

表 2 - 14　东南亚国家电力供需情况①

国家	装机		发电量		用电量		出口		进口		对外依存度
	绝对值（万千瓦）	世界排名	绝对值（亿千瓦时）	世界排名	绝对值（亿千瓦时）	世界排名	绝对值（亿千瓦时）	排名	绝对值（亿千瓦时）	排名	
文莱	76	130	35	127	32	129	0.0	-	0.0	-	0.0%
缅甸	359	85	105	108	78	109	0.0	-	0.0	-	0.0%
柬埔寨	95	124	18	146	36	137	0.0	-	22.8	61	64.2%
印度尼西亚	4101	22	1824	24	1560	24	0.0	-	25.4	57	1.6%
老挝	322	88	122	91	24	136	25.4	40	10.0	65	-64.0%
马来西亚	2840	29	1180	31	1120	30	0.1	94	3.7	83	0.3%
菲律宾	1703	44	729	41	729	43	0.0	-	0.0	-	0.0%
新加坡	1049	55	493	53	472	54	0.0	-	0.0	-	0.0%
泰国	3260	26	1733	23	1694	23	13.8	52	125.7	14	6.6%
东帝汶	-	-	3	197	1	203	0.0	-	0.0	-	0.0%
越南	2630	32	1170	32	1040	32	10.7	58	27.0	52	1.6%

注：大部分国家为 2013 年数据，部分国家为 2012 年、2011 年或 2010 年数据。

① CIA World Factbook 数据库。

表 2-15 东南亚国家电源结构①

国家	燃煤发电	燃油发电	燃气发电	水力发电	核能发电	非水可再生能源发电	总计
文莱	0.0%	0.9%	99.0%	0.0%	0.0%	0.1%	100%
缅甸	7.2%	0.5%	20.0%	72.4%	0.0%	0.0%	100%
柬埔寨	2.6%	59.8%	0.0%	36.1%	0.0%	1.6%	100%
印度尼西亚	48.7%	16.7%	23.2%	6.5%	0.0%	4.9%	100%
老挝	-	-	-	-	-	-	-
马来西亚	41.5%	4.5%	46.6%	6.7%	0.0%	0.6%	100%
菲律宾	38.8%	5.8%	26.9%	14.1%	0.0%	14.4%	100%
新加坡	0.0%	13.0%	84.3%	0.0%	0.0%	1.4%	100%
泰国	20.0%	1.5%	70.3%	5.3%	0.0%	3.0%	100%
东帝汶	-	-	-	-	-	-	-
越南	17.9%	2.7%	35.8%	43.5%	0.0%	0.1%	100%
平均	19.6%	11.7%	45.1%	20.5%	0.0%	2.9%	100%

注:[1] 数据年份均为 2012 年。[2] 世界银行数据库中无老挝和东帝汶数据,且无其他途径获得上述两国数据,因而用"-"表示。

① CIA World Factbook 数据库;世界银行数据库。

35

2.4 中亚

（1）中亚五国化石能源禀赋和产量十分不平衡，靠近里海的三国化石能源丰富，产量和出口量较高，而靠近帕米尔高原的两国化石能源贫乏，化石能源主要依赖进口，能源消费以水能为主。

中亚五国（哈萨克斯坦、吉尔吉斯斯坦、塔吉克斯坦、乌兹别克斯坦和土库曼斯坦）中，靠近里海的哈萨克斯坦、土库曼斯坦和乌兹别克斯坦三国化石能源资源丰富，储量和产量较高，是重要的化石能源出口国，其中哈萨克斯坦煤炭、石油和天然气出口量较大，土库曼斯坦天然气和石油出口量较大，乌兹别克斯坦天然气出口量较大。靠近帕米尔高原的吉尔吉斯斯坦和塔吉克斯坦两国化石能源储量和产量相对较低，国内需求主要依靠从周边国家进口，但水能资源丰富。

表 2 – 16　中亚主要能源出口国能源概况（2014 年）①

国家		哈萨克斯坦	土库曼斯坦	乌兹别克斯坦
石油	石油产量（万吨）	8080	1180	310
	净出口/产量	83.9%	45.8%	1.3%
天然气	天然气产量（亿立方米）	193	693	573
	净出口/产量	71.0%	60.0%	14.8%
煤炭	煤炭产量（万吨）	10867	–	440
	净出口/产量	36.4%	–	– 86.4%

---

① BP (2015)。

中国是中亚国家重要的出口市场，其中土库曼斯坦对中国天然气出口占出口的比例达到97.6%，乌兹别克斯坦对中国天然气出口占出口的比例达到52.7%。

表 2-17　中亚主要能源出口国对中国的能源出口所占比例[①]

国家	对中国石油出口所占比例	对中国天然气出口所占比例	对中国煤炭出口所占比例
哈萨克斯坦	9.2%	2.1%	0.2%
土库曼斯坦	0%	97.6%	-
乌兹别克斯坦	-	52.7%	-

注释：乌兹别克斯坦无石油和煤炭出口，对中国出口比例用"-"表示。土库曼斯坦有石油出口但对中国无石油出口，故标为"0%"。

（2）从电源结构来看，化石能源丰富的哈萨克斯坦、土库曼斯坦和乌兹别克斯坦三国的能源消费以化石能源发电为主，化石资源相对贫瘠的吉尔吉斯斯坦和塔吉克斯坦以水电为主。哈萨克斯坦以煤电为主，煤电占比达到76.1%。土库曼斯坦和乌兹别克斯坦以燃气发电为主，其中土库曼斯坦燃气发电占比达到100%，乌兹别克斯坦燃气发电占比也达到73.8%。吉尔吉斯斯坦和塔吉克斯坦的水电占比分别达到93.5%和99.6%。

（3）从能源战略来看，中亚主要能源出口国（哈萨克斯坦、土库曼斯坦和乌兹别克斯坦）确立了能源立国的国家经济发展战略，把能源行业作为国家的主导产业，出台了能源行业纲领性文件。中亚能源进口国（吉尔吉斯斯坦和塔吉克斯坦）则把大力发展水电作为保障能源安全、降低能源对外依存度的关键措施，积极吸引外资进入本国电力行业，加快电源和电网基础设施建设。中亚主要能源

[①]　ITC 数据库；BP（2015）。

出口国共同措施包括：第一，加强油气勘探开发以及相关基础设施和能源管道建设，并保持和强化国家对能源产业的主导地位和控制力。第二，制定优惠政策吸引外国资本进入本国能源行业，在油气勘探、开采、炼化等各领域加大国际合作力度，弥补自身资金、技术劣势。第三，在能源出口方面，推行油气出口多元化战略，改变能源出口渠道被俄罗斯买断的局面，积极向欧盟、中东和亚太国家出口能源。第四，在能源输送管道方面，在继续利用和扩大俄罗斯油气管道的同时，加快建设直接通往欧盟和中国的油气管道，改变油气出口管道受制于俄罗斯的不利局面。

表2-18 中亚国家原油供需情况①

国家	储量		产量		消费		出口		进口		对外依存度
	绝对值(万吨)	世界排名	绝对值(万吨)	世界排名	绝对值(万吨)	世界排名	绝对值(万吨)	世界排名	绝对值(万吨)	世界排名	对外依存度
哈萨克斯坦	411000	12	8161	15	1927	-	6826	9	592	41	-323.5%
土库曼斯坦	8220	48	1215	35	910	-	305	41	0	-	-33.5%
乌兹别克斯坦	8138	49	324	52	176	-	150	52	2	80	-84.4%
吉尔吉斯斯坦	548	81	5	92	5	-	0	-	0	-	0.0%
塔吉克斯坦	164	91	1	97	1	-	0	-	0	-	0.0%

注:[1]绝大多数国家原油储量数据为2014年底数据,个别国家为2012年或之前数据。[2]原油产量数据为2014年数据。[3]原油消费数据是根据生产和进出口情况估算的数据。[4]大部分国家原油进口和出口数据为2012年数据;CIA World Factbook数据库中未提供原油消费量排名数据,用"-"表示。[5]绝对值为0的指标对应的世界排名用"-"表示;消费量为0的国家对外依存度用"-"表示。

① CIA World Factbook数据库。

表 2－19　中亚国家天然气供需情况①

国家	储量		产量		消费		出口		进口		对外依存度
	绝对值(亿立方米)	世界排名	绝对值(亿立方米)	世界排名	绝对值(亿立方米)	世界排名	绝对值(亿立方米)	排名	绝对值(亿立方米)	排名	
哈萨克斯坦	24070	15	204	32	157	42	112	19	65	32	－29.9%
土库曼斯坦	175000	4	848	10	240	32	608	6	0	－	－253.3%
乌兹别克斯坦	18410	20	596	16	461	20	135	17	0	－	－29.3%
吉尔吉斯斯坦	57	93	0.32	85	4	100	0	－	4	66	100.0%
塔吉克斯坦	57	94	0.13	91	2	104	0	－	2	70	100.0%

注：[1]天然气储量数据为2013年底数据。[2]大部分国家的天然气产量、消费、进口和出口数据为2012年数据，部分国家为2013年、2011年或2010年数据。[3]绝对值为0的指标对应的世界排名用"—"表示；消费量为0的国家对外依存度用"—"表示。

① CIA World Factbook 数据库。

表 2－20 中亚国家电力供需情况①

国家	装机		发电量		用电量		出口		进口		对外依存度
	排名	绝对值（万千瓦）	世界排名	绝对值（亿千瓦时）	世界排名	绝对值（亿千瓦时）	世界排名	绝对值（亿千瓦时）	排名	绝对值（亿千瓦时）	
哈萨克斯坦	43	1784	36	905	37	803	29	36	43	44	1.7%
土库曼斯坦	79	428	73	223	85	118	29	37	0	－	－24.6%
乌兹别克斯坦	51	1257	53	499	52	452	123	17	122	17	－0.2%
吉尔吉斯斯坦	84	377	85	150	90	99	18	46	2	88	－16.2%
塔吉克斯坦	76	448	80	171	80	144	10	56	1	92	－6.3%

注：大部分国家为 2012 年数据，部分国家为 2013 年、2011 年或 2010 年数据。

表 2－21 中亚国家电源结构②

国家	燃煤发电	燃油发电	燃气发电	水力发电	核能发电	非水可再生能源发电	总计
哈萨克斯坦	76.1%	0.8%	14.7%	8.4%	0.0%	0.0%	100%
土库曼斯坦	0.0%	0.0%	100%	0.0%	0.0%	0.0%	100%
乌兹别克斯坦	4.1%	0.7%	73.8%	21.4%	0.0%	0.0%	100%

① CIA World Factbook 数据库。
② 世界银行数据库。

续表

国家	燃煤发电	燃油发电	燃气发电	水力发电	核能发电	非水可再生能源发电	总计
吉尔吉斯斯坦	4.8%	1.2%	0.5%	93.5%	0.0%	0.0%	100%
塔吉克斯坦	0.0%	0.0%	0.4%	99.6%	0.0%	0.0%	100%
平均	17.0%	0.5%	37.9%	44.6%	0.0%	0.0%	100%

注：[1]数据年份为 2013 年。

2.5 中东欧

（1）整体来看，中东欧国家能源储量有限，产量较低，严重依赖进口能源。具体到中东欧各国家，几乎所有中东欧国家都需要大量进口能源，石油对外依存度超过90%的国家有8个，天然气对外依存度超过90%的国家有9个。

在石油、天然气和煤炭三种主要化石能源中，中东欧的煤炭相对丰富，但也需要进口部分煤炭才能满足需求。石油和天然气则尤为匮乏。中东欧煤炭、石油、天然气产量占世界比例分别为0.2%、1.1%和3.1%，而消费量占世界比例分别为1.6%、2.9%和3.2%，三种能源的消费量占比均大于产量占比。中东欧石油、天然气和煤炭都处于净进口的地位，对外依存度分别为86%、61%和3%。

表 2 – 22　2014 年中东欧国家能源概况①

能源分类	石油	天然气	煤炭
储量	2.4 亿吨	4000 亿立方米	463.6 亿吨
储量占世界比例	0.1%	0.2%	5.2%
产量	0.1 亿吨	384 亿立方米	2.5 亿吨
产量占世界比例	0.2%	1.1%	3.1%
消费量	0.7 亿吨	987 亿立方米	2.6 亿吨
消费量占世界比例	1.6%	2.9%	3.2%
净进口	0.6 亿吨	603 亿立方米	0.08 亿吨
对外依存度	86%	61%	3%

---

① BP（2015）。

从原油储量来看，中东欧国家原油储量较少，储量排名位列世界前 60 名的仅有三个国家，其中罗马尼亚原油储量 8184 万吨，位列世界第 47 位；乌克兰原油储量 5388 万吨，位列世界第 53 位；白俄罗斯原油储量 2701 万吨，位列世界第 60 位。有 7 个中东欧国家无原油储量或产量。从原油产量来看，中东欧国家原油产量较低，产量排名位列世界前 60 名的仅有两个国家，其中罗马尼亚原油产量 460 万吨，位列世界第 50 位；乌克兰原油产量 341 万吨，位列世界第 53 位。由于产量有限，中东欧国家原油高度依赖进口。中东欧国家中仅有阿尔巴尼亚一个国家为原油净出口国，原油对外依存度超过 90% 的国家则有 8 个，分别是白俄罗斯、波黑、保加利亚、捷克、立陶宛、马其顿、波兰和斯洛伐克。

与原油类似，中东欧国家天然气储量和产量较低。天然气储量排名位列世界前 50 名的仅有乌克兰一个国家，天然气储量 1.1 万亿立方米，位列世界第 26 位；天然气产量排名位列世界前 50 位的仅有乌克兰和波兰两个国家，排名分别是第 33 位和第 50 位。有 8 个中东欧国家无天然气储量或者产量。中东欧国家天然气对外依存度比原油对外依存度更高。中东欧国家没有天然气净出口国，对外依存度超过 99% 的有 9 个国家，分别是波黑、捷克、爱沙尼亚、拉脱维亚、立陶宛、马其顿、摩尔多瓦、斯洛伐克和斯洛文尼亚。

（2）中东欧的能源禀赋决定了煤电是中东欧最重要的电源，另外，鉴于中东欧地区贫乏的能源资源以及中东欧与核电大国俄罗斯之间历史上传统的合作关系，中东欧也成为"一带一路"沿线核电占比最多的地区。

中东欧各国中，燃煤发电占比平均为 36.4%，水力发电占比平均为 24.6%，燃气发电占比平均为 18.8%，核能发电占比平均为 16.1%，非水可再生能源发电占比平均为 3.1%，燃油发电占比平均为0.9%。从各国情况来看,波黑、保加利亚、捷克、马其顿、波兰、罗马尼亚、塞尔维亚的第一大电源是燃煤发电,其中波黑、马其顿、波兰和塞尔维亚对燃煤发电的依赖程度最高,燃煤发电占比接近或者超过70%。白俄罗斯和摩尔多瓦的第一大电源是燃气发电,且占比均超过90%。阿尔巴尼亚、克罗地亚、拉脱维亚和黑山的第一大电源是水力发电,其中阿尔巴尼亚水电比例达到100%。匈牙利、斯洛伐克、斯洛文尼亚和乌克兰的第一大电源是核能发电,另外保加利亚、捷克、罗马尼亚核电占比也比较高。新能源发电和燃油发电在中东欧国家占比较低,其中捷克、匈牙利、波兰三国新能源发电占相对比较高,超过7%。

(3)由于能源安全形势严峻且中东欧国家规模小、输电距离短,中东欧国家电网互联的可能性和必要性大于其他"一带一路"沿线地区,中东欧之间电力贸易占比较大。中东欧发电装机、发电量和用电量普遍较小,其中乌克兰、波兰、罗马尼亚和捷克在中东欧属于电力装机、发电量和用电量相对较大的国家。以用电量为例,乌克兰、波兰、罗马尼亚和捷克用电量分别为1753亿、1375亿、705亿和497亿千瓦时,分别位列世界第22、25、39和46位。中东欧国家电力贸易规模较大,所有中东欧国家均存在电力贸易,其中电力对外依存度最高的国家是摩尔多瓦和立陶宛,电力对外依存度分别为78.3%和67.4%。

表2-23　中东欧国家原油供需情况①

国家	储量 绝对值（万吨）	储量 世界排名	产量 绝对值（万吨）	产量 世界排名	消费 绝对值（万吨）	消费 世界排名	出口 绝对值（万吨）	出口 世界排名	进口 绝对值（万吨）	进口 世界排名	对外依存度
阿尔巴尼亚	2295.6	63	132.4	77	16.3	—	116.1	52	0.0	—	−711.0%
白俄罗斯	2700.7	60	152.9	64	1620.6	—	0.0	—	1467.7	27	90.6%
波黑	0.0	—	0.0	—	110.2	—	0.0	—	110.2	69	100.0%
保加利亚	204.6	86	7.0	98	627.8	—	0.0	—	620.8	42	98.9%
克罗地亚	968.4	77	55.1	78	240.8	—	0.0	—	185.7	57	77.1%
捷克	204.6	88	34.9	86	733.7	—	2.1	70	701.0	41	95.3%
爱沙尼亚	0.0	—	64.7	82	64.7	—	0.0	—	0.0	—	0.0%
匈牙利	372.6	84	114.5	70	653.2	—	0.0	—	538.7	46	82.5%
拉脱维亚	0.0	—	5.0	104	5.0	—	0.0	—	0.0	—	0.0%
立陶宛	163.7	90	19.4	91	955.0	—	10.9	65	946.4	33	98.0%
马其顿	0.0	—	0.0	—	0.7	—	0.0	—	0.7	56	100.0%
摩尔多瓦	0.1	101	0.0	—	0.0	—	0.0	—	0.0	—	—

① CIA World Factbook 数据库。

续表

国家	储量		产量		消费		出口		进口		对外依存度
	绝对值(万吨)	世界排名	绝对值(万吨)	世界排名	绝对值(万吨)	世界排名	绝对值(万吨)	世界排名	绝对值(万吨)	世界排名	对外依存度
黑山	0.0	-	0.0	-	0.0	-	0.0	-	0.0	-	-
波兰	2134.7	64	125.6	68	2542.3	-	21.3	63	2438.0	18	95.1%
罗马尼亚	8184.0	47	460.0	50	1059.4	-	8.0	66	607.4	44	56.6%
塞尔维亚	1399.5	75	121.6	74	279.5	-	0.0	-	158.0	62	56.5%
斯洛伐克	122.8	93	25.9	89	556.6	-	1.0	71	531.7	47	95.3%
斯洛文尼亚	0.0	-	1.5	109	1.5	-	0.0	-	0.0	-	0.0%
乌克兰	5387.8	53	341.1	53	1114.3	-	0.0	-	773.2	38	69.4%

注:[1] 绝大多数国家原油储量数据为 2013 年底数据,个别国家为 2012 年或之前数据。[2] 原油产量数据为 2013 年数据。[3] 原油消费数据是根据出口和进口情况估算的数据。[4] 大部分国家原油进口和出口数据为 2012 年数据,部分国家为 2013 年、2011 年或 2010 年数据。[5] 绝对值为 0 的指标对应的世界排名用 "-" 表示;CIA World Factbook 数据库中未提供原油消费量排名数据,用 "-" 表示;消费量为 0 的国家对外依存度用 "-" 表示。

47

表2-24 中东欧国家天然气供需情况①

国家	储量		产量		消费		出口		进口		对外依存度
	绝对值（亿立方米）	世界排名	绝对值（亿立方米）	世界排名	绝对值（亿立方米）	世界排名	绝对值（亿立方米）	排名	绝对值（亿立方米）	排名	
阿尔巴尼亚	8	104	0.1	89	0.1	111	0.0	-	0.0	-	0.0%
白俄罗斯	28	96	2.1	77	209.2	36	0.0	-	201.0	15	96.1%
波黑	0	-	0.0	-	2.8	69	0.0	-	2.8	69	100.0%
保加利亚	57	90	2.8	83	28.1	74	0.0	-	25.7	42	91.3%
克罗地亚	249	72	18.1	57	28.1	73	4.2	42	10.8	58	23.4%
捷克	43	94	2.5	75	84.8	52	0.1	49	84.8	27	99.9%
爱沙尼亚	0	-	0.0	-	6.8	97	0.0	-	6.8	64	100.0%
匈牙利	78	83	19.5	56	96.0	47	14.4	39	81.8	29	70.1%
拉脱维亚	0	-	0.0	-	14.8	83	0.0	-	14.8	54	100.0%
立陶宛	0	-	0.0	-	33.2	71	0.0	-	33.2	41	100.0%
马其顿	0	-	0.0	-	1.3	104	0.0	-	1.3	73	100.0%
摩尔多瓦	0	-	0.0	-	34.7	70	0.0	-	34.7	39	100.0%

① CIA World Factbook 数据库。

续表

国家	储量		产量		消费		出口		进口		对外依存度
	绝对值(亿立方米)	世界排名	绝对值(亿立方米)	世界排名	绝对值(亿立方米)	世界排名	绝对值(亿立方米)	排名	绝对值(亿立方米)	排名	
黑山	0	—	0.0	—	0.0	—	0.0	—	0.0	—	—
波兰	920	55	62.1	50	182.3	38	0.9	45	124.7	21	67.9%
罗马尼亚	1055	51	114.0	43	121.0	43	2.4	167	8.0	43	4.6%
塞尔维亚	481	64	5.6	71	24.3	76	0.0	—	16.3	47	67.0%
斯洛伐克	142	78	1.0	80	51.0	58	0.2	48	55.8	31	100.0%
斯洛文尼亚	0	—	0.0	—	8.5	93	0.0	—	8.5	63	99.6%
乌克兰	11040	26	196.5	33	525.5	18	0.0	—	329.0	11	62.6%

注:[1]天然气储量数据为2013年底数据。[2]大部分国家的天然气产量、消费、进口和出口数据为2012年数据,部分国家为2013年、2011年或2010年数据。[3]绝对值为0的指标对应的世界排名用"—"表示;CIA World Factbook数据库中未提供原油消费量排名数据,用"—"表示;消费量为0的国家对外依存度用"—"表示。

表 2-25　中东欧国家电力供需情况①

国家	装机		发电量		用电量		出口		进口		对外依存度
	绝对值(万千瓦)	世界排名	绝对值(亿千瓦时)	世界排名	绝对值(亿千瓦时)	世界排名	绝对值(亿千瓦时)	排名	绝对值(亿千瓦时)	排名	
阿尔巴尼亚	188	108	47	110	78	118	2.9	50	33.6	58	39.3%
白俄罗斯	803	64	315	63	379	61	37.0	33	67.2	25	8.0%
波黑	430	78	163	89	126	84	51.0	49	13.5	63	-29.8%
保加利亚	1290	51	472	54	285	62	62.0	21	33.5	46	-10.0%
克罗地亚	421	80	134	86	170	76	28.7	35	65.9	36	22.0%
捷克	2052	39	817	37	705	39	274.6	7	105.7	21	-24.0%
爱沙尼亚	283	94	117	93	77	99	63.0	27	27.1	51	-46.7%
匈牙利	953	58	343	62	361	57	47.6	31	166.4	12	32.9%
拉脱维亚	223	102	59	113	65	105	36.5	34	50.1	41	20.8%
立陶宛	364	84	123	90	103	86	11.3	56	80.7	30	67.4%
马其顿	201	106	46	118	70	101	1.1	85	30.7	54	42.5%
摩尔多瓦	44	145	55	120	42	122	0.0	-	33.0	47	78.3%

① CIA World Factbook 数据库。

续表

国家	装机		发电量		用电量		出口		进口		对外依存度
	世界排名	绝对值(万千瓦)	绝对值(亿千瓦时)	世界排名	绝对值(亿千瓦时)	世界排名	绝对值(亿千瓦时)	排名	绝对值(亿千瓦时)	排名	
黑山	126	89	38	132	35	128	7.0	69	4.1	60	-8.3%
波兰	24	3432	1509	27	1375	25	123.2	16	78.0	31	-3.3%
罗马尼亚	34	2400	558	48	497	46	24.7	41	4.5	55	-4.1%
塞尔维亚	66	737	344	61	269	64	48.1	29	68.6	37	7.6%
斯洛伐克	63	807	286	66	287	65	118.6	19	129.3	20	3.7%
斯洛文尼亚	87	335	148	85	127	83	86.8	23	75.2	32	-9.2%
乌克兰	17	5489	1981	22	1753	22	60.0	28	15.0	50	-2.6%

注：大部分国家为2013年数据，部分国家为2012年、2011年或2010年数据。

表2-26 中东欧国家电源结构①

国家	燃煤发电	燃油发电	燃气发电	水力发电	核能发电	非水可再生能源发电	总计
阿尔巴尼亚	0.0%	0.0%	0.0%	100%	0.0%	0.0%	100%
白俄罗斯	0.0%	2.6%	96.7%	0.2%	0.0%	0.3%	100%

① 世界银行数据库。

51

续表

国家	燃煤发电	燃油发电	燃气发电	水力发电	核能发电	非水可再生能源发电	总计
波黑	69.5%	0.2%	0.4%	29.9%	0.0%	0.0%	100%
保加利亚	49.1%	0.5%	5.1%	6.9%	33.9%	4.5%	100%
克罗地亚	21.5%	5.6%	24.2%	44.6%	0.0%	4.1%	100%
捷克	51.3%	0.1%	2.0%	3.3%	35.7%	7.6%	100%
爱沙尼亚	—	—	—	—	—	—	—
匈牙利	21.1%	0.3%	18.5%	0.7%	50.7%	8.3%	100%
拉脱维亚	0.0%	0.0%	33.3%	60.1%	0.0%	6.5%	100%
立陶宛	—	—	—	—	—	—	—
马其顿	77.2%	1.4%	4.8%	16.6%	0.0%	0.0%	100%
摩尔多瓦	0.0%	0.3%	95.1%	4.6%	0.0%	0.0%	100%
黑山	48.1%	0.0%	0.0%	51.9%	0.0%	0.0%	100%
波兰	85.3%	1.1%	3.1%	1.5%	0.0%	8.9%	100%
罗马尼亚	39.0%	1.3%	14.8%	20.5%	19.5%	4.9%	100%
塞尔维亚	72.8%	0.2%	1.3%	25.7%	0.0%	0.0%	100%
斯洛伐克	11.8%	1.5%	8.6%	17%	55.7%	5.0%	100%
斯洛文尼亚	30.9%	0.0%	3.2%	29.2%	33.6%	3.0%	100%

续表

国家	燃煤发电	燃油发电	燃气发电	水力发电	核能发电	非水可再生能源发电	总计
乌克兰	40.5%	0.3%	8.1%	5.3%	45.4%	0.4%	100%
平均	36.4%	0.9%	18.8%	24.6%	16.1%	3.1%	100%

注:[1]捷克、匈牙利、波兰、斯洛伐克和斯洛文尼亚五个国家的数据年份为2013年,其他国家的数据年份为2012年。[2]世界银行数据库中爱沙尼亚和立陶宛两个国家数据存在明显错误(六种电源占比之和不等于1且差距较大),且无其他途径获得上述两国数据,因而用"—"表示。

3. "一带一路"沿线重点国家能源行业分析

3.1 俄罗斯

（1）俄罗斯石油资源丰富，是世界第二大产油国和第二大石油出口国，目前欧洲国家是俄罗斯石油出口主要市场。

截止 2014 年底，俄罗斯石油探明储量 141 亿吨，占世界探明储量的 6.1%，位居世界第 6 位，排名在委内瑞拉、沙特阿拉伯、加拿大、伊朗和伊拉克之后，储产比为 26.1[①]。俄罗斯的石油资源中，分布在陆地上的石油资源占 87.4%，分布在海上的石油资源占 12.6%。在陆上石油资源中，西西伯利亚油区占 61%，伏尔加—乌拉尔油区占 16%，东西伯利亚—远东油区占 15%，季曼—伯朝拉油区占 5%，高加索油区占 2%，波罗的油区占 1%。海上油区主要分布在巴伦支海—伯朝拉海、远东海域和里海[②]。

---

① BP（2015）。
② 王素花等（2014）。

俄罗斯是世界第二大产油国，2014 年俄罗斯原油产量 5.27 亿吨，占世界产量 13%，仅次于沙特阿拉伯。俄罗斯《2030 年前俄罗斯能源战略》，2015 年至 2030 年俄罗斯原油产量将保持稳定低速增长，2030 年原油产量 5.35 亿吨。2014 年，俄罗斯原油产量最大的五家石油公司分别是俄罗斯石油公司、卢克石油公司、苏尔古特石油公司、俄气石油公司和鞑靼石油公司，五家石油公司原油产量约占总产量的 75%，其中仅俄罗斯石油公司产量就占总产量的 36%[1]。

表 3-1　2030 年前俄罗斯原油产量规划（万吨）[2]

油区	2015 年	2020 年	2025 年	2030 年
季曼—伯朝拉	3420	3460	3400	3270
伏尔加—乌拉尔	10560	9870	8660	7020
北高加索	400	350	310	270
西西伯利亚	31800	30520	30580	30460
东西伯利亚—远东	3000	3770	5430	7340
东西伯利亚	2850	3640	5320	7250
远东	150	130	110	90
波罗的	50	50	50	50
大陆架	2990	4680	4920	5040
巴伦支海—伯朝拉海	440	820	930	1110
里海	640	1100	1100	1100
远东海域	1910	2760	2890	2830
总计	52220	52700	53350	53450

2014 年俄罗斯原油出口 2.21 亿吨，是仅次于沙特阿拉伯的世界第二大原油出口国。俄罗斯原油出口通道有四条，第一条是通过陆

---

① 岳小文（2015）。
② 戚爱华等（2015）。

上管道及铁路到达波罗的海,出口至西北欧;第二条是通过友谊管道出口到中东欧;第三条是通过陆上管道及铁路到达黑海,出口至地中海和南欧;第四条是通过东西伯利亚—太平洋输油管道出口至亚太地区。四条通道中,第一条通道出口量最大,约占总出口量的38%,第二、三、四条通道出口量约占25%、19%和18%,表明欧洲和独联体国家仍然是俄罗斯原油主要出口市场,亚太市场目前仅占出口规模的18%[①]。

表3-2 近年来俄罗斯石油产量和出口量[②]

年份	2010	2011	2012	2013	2014
产量(亿吨)	5.05	5.09	5.17	5.23	5.26
出口量(亿吨)	2.48	2.43	2.39	2.35	2.21
出口量/产量	49.1%	47.7%	46.2%	44.9%	42.0%

(2)俄罗斯天然气资源丰富,是世界第二大天然气生产国和最大出口国,出口主要市场也是欧洲国家。

截止2014年底,俄罗斯天然气探明储量32.6万亿立方米,占世界探明储量的17.4%,位居世界第2位,仅次于伊朗,储产比为56.4[③]。俄罗斯天然气资源主要集中在西西伯利亚,占已探明未开采储量的51.1%,大陆架及海域占已探明未开采储量23.0%,东西伯利亚占20.5%,季曼—伯朝拉占2%,北高加索—曼吉什套占1.8%,伏尔加—乌拉尔占1.2%,其他区域占0.4%[④]。

2014年俄罗斯天然气产量6402亿立方米,占世界17%,位居世界第二位,仅次于美国。俄罗斯天然气工业公司和诺瓦泰克公司是

---

① 戚爱华等(2015)。
② 岳小文(2015)。
③ BP(2015)。
④ 王京等(2012)。

俄罗斯天然气产量最高的两大公司，天然气产量分别占总产量的
68%和8%①，此外俄罗斯石油公司、卢克石油公司等油气企业也在
加快天然气行业布局，增加天然气市场份额。根据俄罗斯《2030年
前天然气行业发展总体纲要》，未来天然气产量将保持较快增长速
度，2015年产量达到7810 – 8450亿立方米，2020年达到8500 –
9410亿立方米，2030年达到8760 – 9810亿立方米②。

表3 – 3　近年来俄罗斯天然气产量和出口量③

年份	2010	2011	2012	2013	2014
产量（亿立方米）	6490	6690	6545	6680	6402
出口量（亿立方米）	1791	1897	1858	2049	1726
出口量/产量	27.6%	28.4%	28.4%	30.7%	27.0%

2014年俄罗斯出口天然气1726亿立方米，是世界最大的天然气
出口国。2014年俄罗斯出口的天然气中，其中19.7%出口至中亚和
中东欧，73.2%出口至西欧，仅7.2%出口至亚太。德国、土耳其、
意大利、白俄罗斯和乌克兰是俄罗斯天然气出口的五大目的地国家，
分别占俄罗斯天然气出口的19.1%、13.3%、10.6%、8.9%和
6.4%。2014年俄罗斯向中国出口天然气2亿立方米，仅占俄罗斯天
然气出口的0.1%④。俄罗斯天然气主要通过兄弟天然气管道、北极
光天然气管道、联盟天然气管道、蓝流天然气管道和北流天然气管
道等向欧洲出口，近年来为了摆脱天然气管道过境国尤其是乌克兰
对俄罗斯天然气出口的制约，俄罗斯正在积极规划和建设从俄罗斯
经波罗的海直接到达欧洲的海底天然气管道，以及经南欧绕过乌克

---

① 岳小文（2015）。
② 岳小文（2009）。
③ 王保群等（2014）和岳小文（2015）。
④ BP（2015）。

兰的天然气管道。同时，为了扩大对中国天然气出口，俄罗斯加快了与中国天然气领域合作，目前中俄东线天然气管道正在建设，西线天然气管道正在谈判中。

表 3－4　俄罗斯主要天然气出口管道[①]

	天然气管道名称	建成年份	输气能力（立方米/年）	经过国家
运行中	兄弟天然气管道	1967	240	乌克兰、斯洛伐克、捷克、德国、法国、瑞士、奥地利、意大利、匈牙利
	北极光天然气管道	1985	460	白俄罗斯、波兰、乌克兰
	联盟天然气管道	1978	280	白俄罗斯、乌克兰、德国、法国、摩尔多瓦、罗马尼亚、保加利亚、马其顿、土耳其
	亚马尔—欧洲天然气管道	1999	330	白俄罗斯、波兰、德国
	蓝流天然气管道	2005	160	土耳其
	北流天然气管道1/2期	2011	550	德国
建设中或者规划中	南流天然气管道	–	630	保加利亚、希腊、意大利、塞尔维亚、匈牙利、奥地利、德国
	北流天然气管道3/4期	–	550	德国
	中俄东线天然气管道	–	300	中国
	中俄西线天然气管道	–	300	中国
	土耳其流天然气管道	–	630	土耳其、希腊

---

① 王保群等（2014）。

（3）俄罗斯煤炭资源也十分丰富，是世界第六大煤炭生产国和第三大煤炭出口国。

截止 2014 年底，俄罗斯煤炭探明储量 1570 亿吨，占世界探明储量的 17.6%，位居世界第二位，仅次于美国，储产比为 441。2014年俄罗斯煤炭产量 3.6 亿吨，占世界产量的 4.3%，位居世界第 6位，排名在中国、美国、印度尼西亚、澳大利亚、印度之后。2014年俄罗斯是世界第三大煤炭出口国，煤炭出口 1.5 亿吨，仅次于澳大利亚和印度尼西亚[1]。

（4）俄罗斯把能源作为实现国家发展战略的重要工具，对内能源战略的重点是促进能源行业的现代化转型，通过打造创新、高效的能源行业，提升国内基础设施发展水平、平衡区域经济发展；对外能源战略的重点是积极争取国际能源利益分配权、能源定价话语权和能源规则制定权，增强俄罗斯在国际能源格局中的地位和影响力。

俄罗斯高度重视能源行业战略规划，每隔 5–10 年出台能源行业发展规划。2009 年俄罗斯批准《2030 年前俄罗斯能源战略》，作为俄罗斯发展能源行业、维护能源安全、开展对外能源合作的指导性文件，并配套出台了《2030 年前天然气行业发展总体纲要》、《2030 年前煤炭行业长期发展规划纲要》等行业具体规划。2014 年，为了适应新的形势，俄罗斯公布了《2035 年前俄罗斯能源战略》，结合页岩气革命、国内经济增速下降等内外部条件变化对能源战略进行动态调整。

能源行业是拉动俄罗斯经济增长的重要引擎，是俄罗斯主要的财政收入来源和外汇收入来源，俄罗斯对内能源战略的重点是促进

---

① BP（2015）。

能源行业的现代化转型，支持能源效率提升和能源技术创新，保障能源安全，完善能源行业市场机制和政府管理体系，通过打造创新、高效的能源行业，提升国内基础设施发展水平、平衡区域经济发展、保障经济稳定增长、提升民众生活水平。俄罗斯落实对内能源战略的重点措施包括：

第一，优化能源生产结构，增加清洁能源和可再生能源生产比例。稳定石油开采和加工规模的前提下，2035年前，石油和凝析油在一次能源生产中的比例从39%下降至32%－33%；天然气和伴生气在一次能源产量中的比例从41%提高到47%；煤炭在一次能源生产中所占份额稳定在11%－12%；非化石能源在一次能源生产中的比例从7%提高到9%。加快电力行业发展，核电所占比例从16%增加到22%－23%。

第二，提升能源效率。2035年前俄罗斯单位GDP能源消耗下降50%，单位GDP电力消耗下降40%。通过税收优惠、补贴等措鼓励节约能源、提高能效，完善节能领域法规、程序和标准，推广节能典型工程和试点项目。

第三，构建开放的能源市场。完善政府在自然垄断行业的价格监管，取消各层次的交叉补贴，建立完善的能源市场监管系统。构建竞争水平高、价格机制完善的能源市场，逐步开放国内能源市场，鼓励私营企业参与交易，加强反垄断审查，限制垄断，为所有市场参与者提供透明和公平的竞争环境。

第四，鼓励能源行业技术创新。鼓励企业使用先进能源勘探、开采、加工技术和节能技术，在能源领域创建稳定的国家创新体系，打造创新的、高效的能源行业，推动俄罗斯从能源出口国变成创新型国家。

第五，优化能源行业的区域布局。将能源开采、加工和出口中心向北部和中部转移，形成能源稀缺地区和能源富足地区合理的产业布局。发展地区间能源运输管线，提升东部地区基础设施水平，促进区域间能源基础设施互联。理顺中央政府与地方政府在能源管理上的权力和责任范围，完善能源行业税收分配体系，提高能源行业管理透明度。

作为世界上最大的能源出口国，俄罗斯把能源作为维护地缘政治影响力、参与全球经济治理、改善国际环境的重要工具。俄罗斯充分利用能源资源、能源管道优势以及能源进口国对能源的竞争，积极争取国际能源利益分配权、能源定价话语权和能源规则制定权，增强俄罗斯在国际能源格局中的地位和影响力，为本国争取最大利益，以对外能源战略为手段推动俄罗斯恢复世界政治经济大国地位。俄罗斯落实对外能源战略的重点措施包括：

第一，加快能源出口市场、产品和渠道多元化进程。增加深加工能源产品在出口中的比例，降低初级、低附加值能源产品在出口中的比例。增加天然气、电力在能源出口中的比例，降低石油在出口中的比例。到2035年天然气出口规模增长40-50%，原油和成品油出口规模降低30%，液化天然气出口规模达到1亿吨。构建多元化的出口渠道，加快新建石油、天然气出口管道尤其是通向亚太地区的出口管道，发展北极航路，降低对过境国的依赖程度。

第二，加速进入亚太能源市场。2035年前，亚太地区在俄罗斯原油和成品油出口中的份额由目前的12%增长至23%，天然气从6%增加的31%。欧洲和独联体国家仍然是俄罗斯能源主要出口市场，但出口规模将会下降，2035年俄罗斯出口到欧洲和独联体国家的能源将比2010年下降5%。

第三，巩固俄罗斯与传统能源市场和新兴能源市场的关系。减少俄罗斯与欧洲国家在能源输送、价格等方面的纠纷，适应欧洲能源监管体系，加快与亚太国家能源谈判，推动形成欧亚大陆统一的能源（包括原油、成品油、天然气、煤炭、电力等）市场，确保能源行业相关资源、资金、服务、技术的自由流动。

第四，积极参与能源问题的国际谈判和国际合作。加强与欧亚经济共同体、上海合作组织、欧盟、独联体等国际组织的能源合作，平衡能源出口国、进口国和过境国的利益关系，协调与石油输出国组织、天然气出口国论坛等能源合作组织的关系。积极参与新能源领域国际合作。

第五，增强俄罗斯能源企业的国际竞争力。促进世界市场建立有利于本国能源企业的运行和监管规则，保障俄罗斯能源企业获取能源领域先进技术和国际金融市场的资金，鼓励本国能源企业输出先进技术和服务，促进俄罗斯企业融入国际经济体系。培育强大的、可持续发展能力强的大型跨国能源企业，在海外市场代表国家利益，巩固和提升能源企业国际市场地位和竞争力。

3.2　印度

（1）印度石油产量远远不能满足国内需求，石油对外依存度不断攀升，目前石油对外依存度已经接近 80%，预计未来 5 年印度石油对外依存度将继续升高到 85% 左右。

截止 2014 年底，印度石油探明储量 8 亿吨，约占世界 0.3%，储产比为 17.6，储量世界排名第 21。印度石油探明储量在亚太地区排名 2，仅次于中国。印度油气资源主要分布在西部海区的孟买高盆地、东部的孟加拉湾海区以及安得拉邦、古吉拉特邦、奥里萨邦和

阿萨姆邦。孟买高油气田是印度最大的海上油气田，位于印度西部
大陆架上，盆地长75公里，宽25公里，距孟买海岸160公里。

2014年，印度石油产量4190万吨，占世界1.0%，世界排名第
22位。印度石油产量在亚太地区排名2，仅次于中国。印度石油天
然气公司（Oil and Natural Gas Corporation，ONGC）石油产量约占国
内产量的77%，石油印度有限公司（Oil India Limited，OIL）约占
10%，私营、外资和合资公司占13%。在外资公司中，英国天然气
公司（BG）、英国石油公司（BP）和英国凯恩能源公司（Cairn En-
ergy）石油产量最高，三家公司石油产量占外资公司在印度石油总产
量的92%，占印度国内石油总产量的3%[1]。

2014年，印度石油消费1.81亿吨，占世界4.3%，世界排名第
4位，仅次于美国、中国和日本。2014年印度石油净进口1.39亿
吨，对外依存度为76.8%。从历史趋势来看，最近五年来印度石油
对外依存度不断提高，从2010年的73.4%提高到2014年的76.8%。
据IEA年能源展望预测，未来20年印度石油产量将以每年1.7%的
速度递减，2020年印度原油产量降为3600万吨，而消费量将增长到
2.40亿吨，届时对外依存度将达到85%[2]。

印度除了国内巨大需求之外，印度庞大的炼油能力和成品油出
口能力也是导致印度石油对外依存度极高的原因。截至2013年底，
印度共有22座炼厂，总炼油能力为2.25亿吨/年。印度炼油能力位
居美国、中国和俄罗斯之后，全球排名第四位。印度成品油产量高
于国内消费量，未来随着新扩建项目投产，印度石油加工能力将进
一步提高，出口量也将随之增长。预计到2015年印度成品油出口能
力可达5053万吨，2020年将达4548万吨，其目标市场主要是东南

---

[1] 余功铭等（2014）。
[2] 余功铭等（2014）。

亚地区①。

印度进口原油主要来自于中东、非洲和南美洲。2014年，印度原油进口十大来源国依次是沙特阿拉伯、伊拉克、尼日利亚、委内瑞拉、科威特、阿联酋、伊朗、安哥拉、卡塔尔和哥伦比亚，印度从十大进口来源国进口的原油占原油进口总量的86%②。

表3-5　印度石油供需情况③

年份	2010	2011	2012	2013	2014	2020（预测）
产量（亿吨）	0.41	0.43	0.43	0.42	0.42	0.36
消费量（亿吨）	1.55	1.63	1.74	1.75	1.81	2.40
净进口（亿吨）	1.14	1.20	1.31	1.33	1.39	2.04
净进口/消费	73.4%	73.7%	75.5%	75.8%	76.8%	85.0%

（2）印度天然气对外依存度也较高，目前接近40%，未来随着印度鼓励天然气开发的一系列政策的实施，印度天然气产量增速将大于消费量增速，未来5年印度天然气对外依存度有望下降。

截止2014年底，印度天然气探明储量1.4万亿立方米，约占世界0.8%，储产比为45，储量世界排名第21。印度天然气探明储量在亚太地区排名3，仅次于中国和印度尼西亚。位于印度东南部安德拉邦东海岸的海上天然气田是目前印度已经发现的最大的天然气田，阿萨姆邦、安得拉邦、古吉拉特邦等地区的陆上气田也是印度主要的天然气来源。

2014年，印度天然气产量317亿立方米，占世界0.9%，世界排名第25位。印度天然气产量在亚太地区排名7，排名在中国、印度

---

① 余功铭等（2014）。
② ITC数据库。
③ BP（2015）；余功铭等（2014）；陈喜峰等（2015）。

尼西亚、马来西亚、澳大利亚、泰国和巴基斯坦之后。印度石油天
然气公司（ONGC）天然气产量约占印度产量的81%，印度石油公
司（Indian Oil Corporation Limited，IOC）占5%，外资公司占14%。
在外资公司中，英国天然气公司、英国石油公司和加拿大尼克资源
公司（Niko Resources Limited）天然气产量几乎占外资公司在印度天
然气产量的100%，占印度国内天然气产量的14%。

2014年，印度天然气消费506亿立方米，占世界1.5%，世界
排名第13位。2014年印度天然气净进口189亿立方米，对外依存
度为37.4%。从历史趋势来看，最近五年来印度天然气对外依存
度不断提高，从2010年的18.9%提高到2014年的37.4%。据
IEA能源展望预测，未来20年印度天然气产量将以每年3.2%的速
度增加，2020年印度天然气产量增长到620亿立方米，而消费量
将增长到870亿立方米，届时对外依存度将有所降低，但仍高
达28.7%。

（3）煤炭是印度相对比较丰富的能源，印度能源消费结构以煤
炭为主，是排名仅次于中美的世界第三大煤炭消费国。

截止2014年底，印度探明煤炭储量606亿吨，占世界煤炭探明
储量的6.8%，世界排名第5位，仅次于美国、俄罗斯、中国和澳大
利亚，储产比为94。2014年印度煤炭产量6.44亿吨，占世界煤炭产
量的6.2%，排名世界第5，仅次于中国、美国、印度尼西亚和澳大
利亚。消费量7.60亿吨，占世界煤炭消费总量的9.3%，排名世界
第3，仅次于中国和美国[1]。2014年印度煤炭净进口1.16亿吨，五
大进口来源国依次是印度尼西亚、澳大利亚、南非、美国和莫桑比
克，从五国进口的煤炭占印度煤炭进口的97%[2]。

---

① BP（2015）。
② ITC数据库。

（4）印度跨国油气管道较少，油气进口主要通过海运，目前印度正在积极推进跨国油气管道建设。

尽管印度与中亚、中东天然气主要产区距离较短，但受阿富汗局势、印巴关系等因素影响，目前尚无从中亚或者中东至印度的油气管道，所以印度能源进口主要通过海运。印度进口天然气全部为液化天然气，主要来自于卡塔尔。2014 年，印度从卡塔尔进口液化天然气 162 亿立方米，占进口液化天然气总量的86%[①]。为了扩大油气进口来源，降低对海运油气的过度依赖，目前印度正在积极推进跨国油气管道建设，正在规划和建设油气管道包括伊朗—巴基斯坦—印度天然气管道（IPI）、缅甸—孟加拉国—印度天然气管道、土库曼斯坦—阿富汗—巴基斯坦—印度天然气管道（TAPI）和俄罗斯—印度石油管道。

表 3-6　印度天然气供需情况[②]

年份	2010	2011	2012	2013	2014	2020（预测）
产量（亿立方米）	508	461	403	337	317	620
消费量（亿立方米）	627	635	592	514	506	870
净进口（亿立方米）	119	174	188	177	189	250
净进口/消费	18.9%	27.4%	31.8%	34.5%	37.4%	28.7%

（5）印度电力基础设施比较落后，为了提升电力工业发展水平，印度制定了宏伟的电力行业发展规划，加大对电源和电网的投资力度。

电源结构方面，截止到 2014 年 12 月底，印度电力总装机容量为 2.6 亿千瓦。按发电燃料划分，火力（燃煤、燃气、燃油）发电

① ITC 数据库。
② BP（2015）；余功铭等（2014）；陈喜峰等（2015）。

66

装机 1.8 亿千瓦，占总装机的 70%；水电 4080 万千瓦，占 16%；新能源 3169 万千瓦，占 12%；核电 478 万千瓦，占 2%。2014 年度印度装机容量同比 2013 年度增长 9%，近 5 年内增长了 80%。

2007 - 2013 年印度全社会用电量分别为 7045 亿千瓦时、7238 亿千瓦时、7716 亿千瓦时、8111 亿千瓦时、8669 亿千瓦时、9116.5 亿千瓦时、10060 亿千瓦时，同比增长 6.34%，2.74%，6.6%，5.12%，6.88%，5.16%、10.35%；用户分配比例为居民用电 22%、工业用电 44.8%、商业用电 9%、农业用电 17.3%、其它 6.9%。

自 20 世纪 90 年代以来，印度电力需求即处于供不应求的状态。印度经济将在一定时期内处于上升通道，电力供应不足已成为制约印度经济发展的主要障碍之一。为此，印度政府计划委员会在《印度 2020 年展望报告》中称，印度未来 20 年电力总需求将增加 3.5 倍，预计到 2022 年，印度电力年需求量将达到 2 万亿千瓦时，印度政府计划到 2020 年发电能力达到 4 亿千瓦，到 2030 年将达到 9.5 亿千瓦。

发电方面，2012 - 2017 年期间，计划新增装机 1.2 亿千瓦，其中火电 7122.8 万千瓦，水电 1189.7 万千瓦，核电 530 万千瓦，风电 1500 万千瓦，太阳能 1000 万千瓦，生物质能源 270 万千瓦，小水电 210 万千瓦。输电方面，印度电网的输电网电压等级分为 132 千伏、220 千伏、400 千伏、±500 千伏（直流）、765 千伏以及 ±800 千伏（直流），以 400 千伏为骨干网架，正在构建由 765 千伏交流和 ±800 千伏直流组成的环网，用以连接东北与北部以及西部与北部地区。截止 2014 年底，已建成 220 千伏以上的输电线路 26.8 万公里，其中 400 千伏以上 12.8 万公里，占 47.7%。目前，印度国家电网公司拥有和运营电网线路总长 9.8 万公里，变电站 160 个，跨区域送电的变电容量达到1.6亿千伏安，区域交换电力容量2800万千瓦。印度电网公司制定了跨区电网建设规划，计划在未来几年内建设9条跨区大容量电力传输通道，总投资约116亿美元。其中包括2~3个±800千伏直流输电工程，长度4000公里；一个±600千伏直流工程，长度1000公里。配电方面，印度的配电系统是指66千伏及以下的电力配送系统，主要电压等级包括66千伏、33千伏、22千伏、11千伏和400/230伏，部分地区采用6.6千伏、3.3千伏和2.2千伏电压等级。截至2014年底，配电线路总长930万公里，变电容量5.9亿千伏安。按照规划，将新增配电网络（包含33千伏、11千伏和以下电压配电网）173万公里，33千伏及11千伏变电站5900座，新增变电容量达1.2亿千伏安。所有城市用户与配电变压器将配备自动抄表系统，农村11千伏系统和用户自动抄表系统覆盖率达到10%，到规划完成时，输配电损耗降低到15%。

3.3　巴基斯坦

（1）巴基斯坦石油和煤炭高度依赖进口，对外依存度分别达到86%和69%。

巴基斯坦石油储量有限，产量较低，但消费量巨大，石油对外依存度较高。巴基斯坦目前已探明的石油储量约5亿吨，世界排名54位。巴基斯坦油气资源主要集中在两个沉积岩盆地，即北部旁遮普省的波特瓦盆地和南部的印度河盆地。在巴基斯坦的石油行业中，外资占有重要位置，英国BP、意大利的埃尼公司、澳大利亚必和必拓公司（BHP Billiton）、奥地利石油天然气集团（OMV）、中国振华石油公司、巴西石油公司、马来西亚的 Petronas 公司和英国的 Premier 石油公司等在巴基斯坦均从事油气勘探和开采业务。英国石油巨头 BP 公司是巴基斯坦最大的石油生产商，国有的巴基斯坦油气开发公司（Oil and Gas Development Company Limited，OGDCL）是仅次于英国 BP 公司的巴基斯坦第二大石油生产商。2013 年巴基斯坦石油产量仅 300 万吨左右，世界排名第 57 位，而消费量为 2153 万吨，石油对外依存度达到 86%[①]。

巴基斯坦煤炭也高度依赖进口。截止 2014 年底，巴基斯坦煤炭探明储量约 21 亿吨，占世界 0.2%。煤炭资源主要分布在信德省以及裨路支省、旁遮普省和西北边境省，其中信德省占全国储量的 99.5%。巴基斯坦最大的煤田是信德省的塔尔（Thar）煤田，其次是位于同一省的宋达—萨塔（Sonda – Thatta）煤田。2014 年巴基斯坦煤炭产量为 320 万吨，消费量 1023 万吨，净进口 703 万吨，煤炭对外依存度达到 69%[②]。

（2）巴基斯坦天然气相对丰富，目前能够基本自给自足，但未来随着基础设施的完善以及国内需求进一步增加，国内天然气产量将难以满足国内需求，巴基斯坦正在积极筹划修建进口天然气通道。

与石油相比，巴基斯坦天然气资源相对丰富，目前天然气产量能够基本满足国内需求。截止 2014 年底，巴基斯坦探明天然气储量 6000 亿立方米，世界排名第 29 位，储采比为 13.8。2014 年巴基斯坦天然气产量和消费量均为 420 亿立方米，天然气能够实现自给自足[③]。随着巴基斯坦对天然气需求的逐年增多，巴基斯坦政府除了鼓励继续寻找新的天然气储量之外，也在积极推进修建天然气进口管

---

① CIA World Factbook 数据库。
② BP（2015）。
③ BP（2015）。

道。巴基斯坦目前正在积极推进的三条天然气管道包括伊朗—巴基斯坦印度天然气管道、土库曼斯坦—阿富汗—巴基斯坦—印度天然气管道以及卡塔尔—巴基斯坦海底天然气管道[①]。

3.4 土耳其

（1）土耳其能源资源匮乏，对外依存度较高。土耳其能源消费结构以天然气、石油和煤炭为主，这三者在2014年的一次能源消费中的占比依次为33.5%、26.9%和26.8%。水电和新能源消费占比分别为10.9%和1.8%。土耳其属于多山高原国家，沉积盆地较小，石油天然气资源少，储量低。2014年，土耳其石油储量为4038.2万吨，产量为303.6万吨，约占国内消费量的8.7%。天然气储量增幅缓慢，2000年为40亿立方米，2014年增加到61.8亿立方米，年均增长3.9%，储采比为11.3；天然气产量也很低，每年仅生产天然气5亿~6亿立方米，2014年该国天然气产量为5.4亿立方米，仅占国内消费量的1.1%[②]。

（2）土耳其因其特殊地理位置，在国际能源格局中具有重要地位，是能源贸易的关键过境国。土耳其西接全球最大的能源消费市场——欧盟，而且紧邻中东和中亚—里海等能源富集区。因此，借助得天独厚的地理位置，土耳其成为这些地区能源外运过程中的关键过境国。目前，土耳其已建成5条跨国天然气管道项目，计划或在建9条跨国天然气管道项目。土耳其已建成的天然气管道分别是：

---

① 刘伟（2006）。
② 王陆新等（2015）。

俄罗斯—土耳其的蓝流（Blue Stream）天然气管道、巴库—第比利斯—埃尔祖鲁姆天然气管道、土耳其—希腊天然气管道、伊朗—土耳其天然气管道以及俄罗斯—土耳其西线天然气管道；计划或在建的管道包括："土耳其流"管道、纳布科（Nabucco）天然气管道、土耳其—希腊—意大利管道、土耳其—保加利亚管道、跨亚得里亚海天然气管道（TAP）、跨安纳托利亚管道（TANAP）、伊朗—土耳其天然气管道新线、伊拉克—土耳其天然气管道和阿拉伯—土耳其天然气管道。

（3）土耳其是欧盟实施能源进口多元化战略中的重要转运中枢，在欧盟能源多样化战略中，土耳其是其能源运输链条中的关键一环，在一定程度上扼守着欧盟能源来源的命脉。中东和中亚—里海地区的油气资源是欧盟降低对俄能源依赖、加快推进能源多元化战略中的重要替代来源。"南部天然气走廊"（South Gas Corridor）是欧盟委员会提出的推进能源多元化的重要战略，该战略旨在提高欧洲能源进口来源和路线的多样化。在该战略中，跨安纳托利亚天然气管线（简称TANAP）、跨亚得里亚海天然气管线（简称TAP）以及土耳其—希腊—意大利互联管道（简称ITGI）都过境土耳其。随着美伊关系的缓和以及土伊的积极修好，伊朗和伊拉克（包括库尔德自治政府）的天然气资源也将成为这些管线重要的气源。目前，TANAP管道的阿塞拜疆和土耳其段都已经开始建设，该项目第一阶段将为欧盟提供160亿立方米/年的天然气，第二阶段将提高到200亿立方米/年。

（4）土耳其是俄罗斯规避能源过境风险、稳固对欧洲能源贸易的关键枢纽。2014年的乌克兰危机更加坚定了俄罗斯绕开乌克兰来转运出口能源的决心。在俄罗斯看来，土耳其是替代乌克兰的最佳选择。土耳其不仅具有沟通东西的优越地理条件，而且与俄罗斯的能源合作基础良好。近年来，俄土之间的经贸关系一度升温。在能源领域，俄罗斯是土耳其的最主要的能源进口来源，土耳其近60%的天然气都要从俄罗斯进口；同时，土耳其是俄罗斯仅次于德国的第二大天然气出口市场。俄土之间的能源相互依赖有利于双边求同存异、管控分歧，将政治立场与经济利益相分离，努力实现共赢。尽管在乌克兰问题上，俄欧之间一再发生龃龉，但是欧盟仍然是俄罗斯希望力保的能源出口市场。目前，蓝流（Blue Stream）天然气管线是俄罗斯通过土耳其向欧洲出口天然气的重要渠道。自蓝流管线正式运营以来，大约1110亿立方米的天然气经由土耳其运往欧洲市场，而且根据俄罗斯天然气工业股份公司（Gazprom）的计划，将把该管线的输送能力进一步提高。2014年12月，俄总统普京决定放弃建设已久的南流（South Stream）管线，决定新建过境土耳其的"土耳其流"（Turkish Stream）管线。土耳其流的年输送能力将达到630亿立方米，其中490亿立方米过境土耳其运往欧洲市场。该管线也得到了欧洲诸多国家的支持。在2015年4月间，匈牙利、希腊、马其顿和塞尔维亚等国在布鲁塞尔召开会议表示对土耳其流的支持，认为该管线在商业上可行，有助于保证中南欧的天然气供应，也有助于确保欧洲的能源供应。[①]

虽然土耳其油气资源并不丰富，却是油气运输的重要过境国，地理位置和地缘政治意义极为重要。土耳其正致力于成为区域重要的油气过境及集散地（Turkey Hub），将中亚—里海、中东等地的油气资源输送到西方市场。土耳其处于天然气供需双方的枢纽地带，天然气业务发展空间巨大，国际天然气运输通道建设和国内不断增长的天然气消费为土耳其天然气大发展带来了历史机遇。为推动本

---

　　① 苏春雨（2015）。

国经济的发展，保障能源供应安全，土耳其加强国际合作，积极发挥地理优势，致力于建设油气运输项目，打造国际能源输送网络，实施能源供应多元化战略，提升自身的国际战略地位。

3.5　哈萨克斯坦

（1）哈萨克斯坦能源资源十分丰富，煤炭、石油和天然气产量均大于消费量，出口规模较大，是重要的能源出口国。

哈萨克斯坦油气资源丰富，主要集中在该国西部地区的滨里海、北乌斯秋尔特和曼格什拉克等盆地。截止 2014 年底，哈萨克斯坦石油探明储量 39 亿吨，在前苏联地区仅次于俄罗斯，居世界第 12 位，储产比为 48.3。2014 年哈萨克斯坦石油产量 8080 万吨，排名世界第 17 位。哈萨克三大油田——卡沙甘油田、卡拉恰干纳克油田和田吉兹油田产量占全国产量一半以上。根据国际能源署及哈萨克斯坦政府预计，2020 年哈萨克斯坦石油产量将增加到 1.4 亿吨左右，进入世界前十大产油国之列①。

截止 2014 年底，哈萨克斯坦天然气探明储量 1.5 万亿立方米，储产比为 78.2。与石油资源类似，哈萨克天然气储量也主要集中在三大气田，其中卡沙甘气田占储量的 12%，卡拉恰干纳克气田占 46%，田吉兹气田占 12%。2014 年哈萨克斯坦天然气产量 193 亿立方米，其中卡拉恰干纳克气田占产量的 30% 左右②。

哈萨克斯坦煤炭资源也十分丰富，截止 2014 年底，哈萨克斯坦

---

① 龚婷（2014）。
② BP（2015）；龚婷（2014）。

煤炭探明储量 336 亿吨，排名世界第 8，储产比为 309。哈萨克斯坦大部分煤田分布在哈萨克斯坦中部的卡拉干达州（卡拉干达、埃斯基巴斯图兹和舒巴尔科里煤田）和北部的巴甫洛达尔州（图尔盖煤田）。2014 年哈萨克斯坦煤炭产量 1.1 亿吨，排名世界第 10[①]。

哈萨克斯坦可再生能源潜力巨大。由于地处北半球风带地区和拥有强对流气候，哈萨克斯坦风力发电潜力巨大，50% 以上地区年均风速 4－5 米/秒，风能是哈萨克斯坦最具前景的可再生能源发电方向。哈萨克斯坦境内的莫因库姆沙漠、咸海沿岸沙漠太阳能资源丰富，每年日照时间 2200－3000 小时[②]。

2014 年哈萨克斯坦煤炭消费量 0.7 亿吨，净出口 0.4 亿吨，占产量的 36.4%；石油消费量 1300 万吨，净出口 6780 万吨，占产量的 83.9%；天然气消费量 56 亿立方米，净出口 137 亿立方米，占产量的 71.0%。2014 年，哈萨克斯坦一次能源消费量 5430 万吨油当量，其中煤炭所占比例最高，占 63.5%。石油、天然气和水能各占 23.9%、9.4% 和 3.2%，非水可再生能源接近为零。从哈萨克斯坦发电能源结构来看，燃煤发电所占比例最高，为 76.1%[③]。

（2）哈萨克斯坦目前已经形成了西向、北向、东向油气管道和"一港口"相结合的多样化油气出口格局，能够确保能源出口市场的多元化。

哈萨克斯坦能源出口以欧盟和俄罗斯为主，其中最大石油出口目的国是意大利，占出口总量 28.6%；最大天然气出口目的国是俄罗斯，占 40.8%；最大煤炭出口目的国是俄罗斯，占 80.9%。对中国的出口在哈萨克斯坦石油、天然气和煤炭出口总量中的比例分别

---

① BP（2015）；蒋小林（2013）。

② 龚婷（2014）；徐海燕（2013）；张圣鹏（2013）。

③ BP（2015）；世界银行数据库。

是9.2%、2.1%和0.2%,中国是哈萨克斯坦的第3大石油出口国目
的国、第6天然气出口目的国和第9大煤炭出口目的国。

　　哈萨克斯坦原油出口运输方式中,管道占90%,港口占8.7%,
铁路占1.3%。管道运输主要依靠中哈原油管道、里海财团管道
(Caspian Pipeline Consortium, CPC)和阿特劳—萨马拉原油管道[①]。
中哈原油管道在哈萨克斯坦境内长度2834千米,由中石油和哈萨克
斯坦石油运输公司共同运营,设计运输能力为2000万吨/年。里海
财团管道始于哈萨克斯坦境内的田吉兹油田,终点为俄罗斯黑海沿
岸的新罗西斯克港口,全长1151千米,设计输送能力2820万吨/
年,未来规划扩建至5200万吨/年。该管道股东包括俄罗斯Trasneft、
哈萨克斯坦石油公司以及美国雪佛龙、埃克森美孚、意大利埃尼等
跨国石油公司。阿特劳—萨马拉原油管道连接哈萨克斯坦和俄罗斯,
由哈萨克斯坦石油运输公司和俄罗斯Tansneft共同运营,管道长度
697千米,设计运输能力1550万吨/年。哈萨克斯坦原油通过该管道
运输至俄罗斯,再通过俄罗斯境内管道运送至黑海和波罗的海沿岸。
另外,为了扩大石油出口能力,目前哈萨克斯坦石油运输公司正在
研究修建叶斯克涅—库雷克原油管道和库雷克港,然后通过邮轮经
里海运至阿塞拜疆的巴库港,通过巴库—第比利斯—杰伊汉管道向
欧洲出口石油。

　　哈萨克斯坦石油港口运输主要通过阿克套港。阿克套港位于里
海沿岸,原油通过该港口经里海运往阿塞拜疆巴库港,通过巴库—
第比利斯—杰伊汉管道向欧洲出口石油。目前该港口石油出口能力
约1100万吨/年。铁路运输主要通过哈萨克斯坦与俄罗斯及中亚邻
国的跨国铁路向周边国家出口。

　　[①]　陈福来等(2014)

表 3 - 7 哈萨克斯坦原油出口通道①

管道及港口	目前状态	经过国家	输送能力（万吨/年）
CPC	已建成	哈萨克斯坦、俄罗斯，然后出口至欧洲	2820
中哈原油管道	已建成	哈萨克斯坦、中国	2000
阿特劳—萨马拉管道	已建成	哈萨克斯坦、俄罗斯，然后出口至欧洲	1550
阿克套港	已建成	哈萨克斯坦经里海至阿塞拜疆，然后出口至欧洲	1100
叶斯克涅—库雷克管道	规划中	哈萨克斯坦经里海至阿塞拜疆，然后出口至欧洲	7900

（3）哈萨克斯坦把丰富的能源资源视为提升影响力的重要手段，提出了跻身世界能源大国的经济发展战略，大力支持本国油气工业的发展，充分发挥地缘优势和能源资源优势，力争成为中亚和里海地区油气开发和运输的中心枢纽国。

哈萨克斯坦在《2030 年前国家经济发展战略》中提出了能源部门发展的主要方针：吸引有实力的跨国能源企业参加本国油气田勘探、开采、加工和运输；扩建出口石油管道运输系统，建成多元、多向、多支点的可靠能源输出体系；扩大向能源消费大国出口能源的规模。尽管可再生能源丰富，但目前已开发的可再生能源微乎其微，非水可再生能源发电占比不足 1%。大力发展新能源也是哈萨克斯坦能源战略的重要组成部分，为了促进新能源发展，2013 年哈萨克斯坦政府通过了《2013 - 2020 年替代能源和可再生能源行动计划》，根据计划 2020 年非水可再生能源发电将达到总需求的 3%，2030 年达到 5%。

---

① 陈福来等（2015）。

3.6 土库曼斯坦

（1）土库曼斯坦油气资源十分丰富，其中天然气资源尤为丰富，对世界天然气市场具有重要影响力。

截止 2014 年底，土库曼斯坦天然气探明储量 32.6 万亿立方米，排名世界第 2，仅次于伊朗，占世界比例达 17.4%，储产比为 56.4。土库曼斯坦天然气资源主要分布在东南部的阿姆达林盆地、穆尔加布盆地、阿姆河盆地及西部的南滨里海盆地，在西部油田也有少量的伴生气。2014 年土库曼斯坦天然气产量 693 亿立方米，排名世界第 10。

土库曼斯坦石油资源也比较丰富，主要在土西部的南里海油气区。截止 2014 年底，土库曼斯坦石油探明储量 1 亿吨，储产比为 6.9；2014 年土库曼斯坦石油产量 1180 万吨。

2014 年，土库曼斯坦一次能源消费总量 3130 万吨油当量，其中天然气所占比例最高，为 79.9%，其次是石油，占 20.3%。煤炭、水能和非水可再生能源等其他能源所占比例接近为零。天然气几乎是土库曼斯坦唯一的发电能源，燃气发电量占比接近 100%。

土库曼斯坦石油和天然气产量大于消费量，出口规模较大。土库曼斯坦天然气净出口 416 亿立方米，占产量的 60.0%；石油净出口 540 万吨，占产量的 45.8%。土库曼斯坦石油出口以欧盟国家为主，最大的石油出口目的国是意大利，占出口总量的 50.2%，对中国无石油出口。中国是土库曼斯坦最大的天然气出口目的国，向中国出口的天然气占出口天然气总量的 97.6%。土库曼斯坦煤炭产量较少，无煤炭出口。

（2）油气出口市场的多元化和出口渠道的多样化是土库曼斯坦重要的能源战略，目前已经形成了向东、向西和向北等主要油气出口渠道。

土库曼斯坦的天然气出口主要依靠管道运输，通过三条天然气管道出口：一是向北，通过中亚—中央天然气管道向哈萨克斯坦、俄罗斯等国家出口；二是向南，通过土库曼斯坦与伊朗之间的两条天然气管道向伊朗出口。三是向东，通过中国—中亚天然气管道向中国出口。

土库曼斯坦的石油出口主要依靠海运，通过土库曼巴希、奥卡雷姆、阿拉特扎三个里海沿岸的石油出口港口运往俄罗斯、阿塞拜疆和伊朗的港口，再出口其他国家。海运线路主要有三条[1]：

一是向西，利用阿塞拜疆的巴库—第比利斯—杰伊汉石油管道（BTC）。先将原油用船跨里海运到里海西岸阿塞拜疆的巴库港，再通过 BTC 管线将原油运到土耳其的杰伊汉，或用铁路（或管道）运到格鲁吉亚的巴统，最后出口到黑海、地中海和欧洲。此线运输量约占土库曼斯坦石油出口的60%。

二是向北到俄罗斯，从俄罗斯出口欧洲。第一种方案是先将原油用船跨里海运到里海西岸俄罗斯的马哈奇卡拉港口，再通过马哈奇卡拉至新罗西斯克的管道或铁路，将原油运到俄罗斯的黑海港口新罗西斯克，最后用船或利用俄罗斯的欧洲管道向欧洲出口。第二种方案是先跨里海运到俄罗斯的阿斯特拉罕，再通过伏尔加河和顿河运到乌克兰。此线运输量约占土库曼斯坦石油出口的15%。

三是向南，利用伊朗的管线，经波斯湾出口。先将石油用船跨

---

[1]　中国国土资源部网站（2010）。

里海运到伊朗的涅卡港，再运到德黑兰炼油厂加工，同时，按等值的油量从伊朗的波斯湾沿岸港口出口。此线路运输量约占土库曼斯坦石油出口的 25%。

土库曼斯坦确立了以能源工业为主要支柱的经济发展方针，制定了《2020 年前油气行业发展战略》，提出石油、天然气在 21 世纪前 20 年的具体产量和出口指标。为实现目标，土库曼斯坦计划 2005至 2020 年间在油气领域投资 630 亿美元，其中 250 亿美元以产品分成协议的方式吸引外国直接投资。土库曼斯坦确定里海大陆架及阿姆河盆地新区块作为吸引外国投资者的重点区域，通过与外国投资者合作积极引入资金和先进技术。天然气被确定为能源立国的重点产业，减少对俄罗斯境内输气管道的依赖是土库曼斯坦天然气发展的重要举措。

3.7　乌兹别克斯坦

乌兹别克斯坦油气资源比较丰富，是天然气净出口国，石油产量满足国内消费的同时少量出口，但煤炭产量不足以满足国内需求，是煤炭净进口国。

乌兹别克斯坦 60% 以上的油气资源储量和 70% 以上的产量分布在布哈拉—希瓦地区。截止 2014 年底，乌兹别克斯坦天然气探明储量 1.1 万亿立方米，储产比为 19.0；2014 年乌兹别克斯坦天然气产量 573 亿立方米，世界排名第 14 位。截止 2014 年底，乌兹别克斯坦石油探明储量 1 亿吨，储产比为 24.3；2014 年乌兹别克斯坦石油产量 310 万吨。截止 2014 年底，乌兹别克斯坦煤炭探明储量 19 亿吨，储产比为 432；2014 年乌兹别克斯坦煤炭产量 440 万吨。

2014 年乌兹别克斯坦天然气净出口 85 亿立方米，占产量的 14.8%。中国是乌兹别克斯坦最大的天然气出口目的国，向中国出口的天然气占出口天然气总量的 52.7%。煤炭净进口 380 万吨，占产量的 86.4%。

2014 年，乌兹别克斯坦一次能源消费量 5130 万吨油当量，其中天然气所占比例最高，为 85.5%，石油、水电和煤炭各占 6.0%、4.6% 和 3.9%。非水可再生能源占比接近为零。从发电能源结构来看，燃气发电占比最高，为 73.8%。

乌兹别克斯坦在独立后把油气勘探和开采列为国家经济优先发展领域，通过国有的石油天然气集团垄断国家油气资源的勘探、开发、运输、加工和销售以及油气领域的招商引资对外合作。乌兹别克斯坦石油和天然气集团制定了《2005 至 2020 年油气增储战略纲要》，计划加大油气勘探和开发力度，力争 15 年内新增天然气探明储量 1 万亿立方米，主要开发目标为乌斯秋尔特油气田。乌兹别克斯坦也加大了国际合作力度，允许外国投资者进入油气开采领域，引进外国先进技术设备，加速进行油气领域老企业的技术改造。

3.8 吉尔吉斯斯坦

吉尔吉斯斯坦煤炭、石油、天然气等化石能源储量较低，且受地形限制开采成本较高，产量不能满足国内需求，主要从周边国家进口满足需求。水力资源在吉尔吉斯斯坦能源结构中具有重要地位，水电是主要的电源,也是确保能源安全的重点。

吉尔吉斯斯坦约 90% 的石油和天然气需求依靠进口,约 80% 的煤炭需求依靠进口。吉尔吉斯斯坦水能资源丰富,水能资源在独联体国家内居第三位,仅次于俄罗斯和塔吉克斯坦①。吉尔吉斯斯坦电源结构以水电为主,水力发电量占发电量的 93.5%②。吉尔吉斯斯坦水电除自用外还有一定盈余可向周边国家出口。从 1997 年至 2013 年,吉尔吉斯斯坦通过两条小型口岸输电线路向中国新疆出口累计电力 90 万千瓦时,2013 年新疆建成无电地区改造工程,此后跨国线路停运。

吉尔吉斯斯坦能源战略的重点是大力发展电力行业,降低油气消费比例,通过水电满足国内需求并扩大电力出口规模,力争成为中亚地区电力大国和电力出口国。为充分发挥水电资源优势、加快电力行业发展,吉尔吉斯斯坦积极吸引外资开发国内水电站,理顺电价机制,确保外国投资者合理收益;高度重视中小型水电站建设,发挥中小型水电站建设工期短、选址灵活、投资规模小等优势;保证国家在电力行业中的控股比例,强化国家对电力行业和企业的控制力;加强电源和电网基础设施建设,为此 2012 年吉尔吉斯斯坦出台了《电力发展中期规划》,加快推进一批电网和水电建设及改造项目。

---

① 柴利(2013)。
② 世界银行数据库。

3.9 塔吉克斯坦

与吉尔吉斯斯坦类似，塔吉克斯坦油气资源储量较低，多位于山区，开采难度大，油气需求主要依靠周边国家进口。吉尔吉斯斯坦水电资源丰富，电力几乎全部来源于水电，国内能源战略也主要围绕水电而制定和实施。

塔吉克斯坦境内河流和冰川分布广泛，水能资源丰富，水能资源世界排名第八，在独联体国家中仅次于俄罗斯。按每平方公里水能资源计算，塔吉克斯坦水能资源排名世界第一[①]。塔吉克斯坦电源结构以水电为主，水力发电量占发电量的 99.6%。

与吉尔吉斯斯坦类似，塔吉克斯坦化石资源贫瘠而水能资源丰富，能源战略以实现能源自给、保障能源供应为主要目标，通过大力开发水电、加大化石能源勘探开发力度、加强国际合作提升能源保障水平。为此塔吉克斯坦制定了一系列措施，重点包括：把水电开发作为满足国内能源需求的最主要途径，合理配置水电资源，改变目前电网被高原隔绝的局面，建设连接南部电网和北部电网的输电线路，保障边远地区电力供应；积极吸引外资共同开发建设水电站，与外国投资者合作对煤炭、油气行业进行现代化改造，提升能源企业效率；加大油气和煤炭勘探和开发力度，进一步增加化石能源产量，降低对邻国化石能源的依赖度。

---

① 柴利（2013）。

3. 10 缅甸

（1）缅甸油气资源比较丰富，加上缅甸特殊的地理位置，使缅甸成为中国及东亚国家能源合作重点国家。

根据缅甸官方在 2014 年 1 月第二届海洋油气峰会上公布的数据，其石油探明储量为 1.6 亿桶，天然气探明储量为 22.5 万亿立方英尺（约 6372 亿立方米），从目前的勘探情况来看，未探明储量潜力巨大。一直以来，经济相对落后，基础设施差，技术能力低，国内政策法规不稳定、不透明，对外开放程度低和受到西方制裁等因素，阻碍了缅甸油气行业的发展，缅甸油气上游勘探开发程度极低，近 2/3 的油气区块仍未勘探，因此有着不可估量的勘探前景。2012 年 11 月，缅政府重新颁布了外商投资法，提出了减免各种税费等吸引外资的优惠政策。

近年来，缅甸加快了油气领域对外合作的步伐，油气产量迅速增加，并且陆续开放大量陆地和海上区块，开展国际招标，吸引了大量的国际能源公司的关注。目前，包括壳牌、道达尔、康菲、雪佛龙和埃尼等在内的国际大石油公司已中标多个陆地和海上区块，未来这些公司将陆续加大对缅甸上游油气业务的投资，进一步证实缅甸潜在的油气资源情况，缅甸油气将进入发展的快车道。目前缅甸 80% 左右的天然气出口到泰国，从 2013 年 7 月开始，大宇公司的 Shwe&Mya 气田生产的天然气出口到中国。截至 2013 年底，缅甸油气领域的外国投资累计达到 143.72 亿美元，占所有境外投资的 32.57%，排在电力行业后位居第二。未来几年，外国公司对缅甸油气的投资将会进一步增长。

（2）中缅能源合作主要领域集中在油气管道、油气资源开发、水电开发和电力贸易。

中缅油气管道是中缅能源合作的最大亮点，作为中国"四大油气战略通道"之一，在中国对外能源合作中具有重要地位。缅甸地处东亚、南亚、东南亚的交接地带，战略位置十分重要，是中国通往印度洋的重要通道，是"21世纪海上丝绸之路"的重要支点。2009年12月，中石油与缅甸能源部签署了中缅原油管道权利与义务协议，授予中石油控股的东南亚原油管道公司对中缅原油管道的特许经营权，东南亚原油管道公司负责管道的建设及运营，享有税收减免、原油过境、进出口清关和路权作业等相关权利，缅甸政府保证东南亚原油管道有限公司对管道的所有权和独家经营权，保障管道安全。中缅原油和天然气管道均起于缅甸皎漂港，途经若开邦、马圭省、曼德勒省、掸邦，从云南瑞丽进入中国境内。中缅原油管道全长2402千米，其中，缅甸境内段长771千米，设计输油能力2200万吨/年；中国境内段干线长1631千米，设计输油能力2000万吨/年。中缅天然气管道全长2520千米，其中，缅甸境内段长793千米，设计输气能力120亿立方米/年；中国境内段干线长1727千米，设计输气能力100－130亿立方米/年。2010年6月，中缅油气管道开工建设。2013年9月和2015年1月，中缅天然气管道和石油管道分别建成，从此中国海上进口原油和天然气可以绕过马六甲海峡直接输送至国内。中缅油气管道的建成将中缅能源合作推上了前所未有的高度，缅甸作为中国"四大油气战略通道"之一，对中国能源安全的重要性进一步提升。

缅甸天然气和水力资源丰富，中国与缅甸在油气开发、水电开发和电力贸易方面合作也是中缅能源合作的重要组成部分。除了油气管道合作之外，中缅在油气资源、电力等能源领域合作也取得丰硕成果。2001 年 11 月，购买缅甸 Bagan 项目，包括四个区块勘探开发合同，中石油拥有这两个项目 100% 的权益。2007 年 1 月，中石油与缅甸石油天然气公司签订合同，获得缅甸若开邦近海三个深水区块石油天然气勘探开采权，总面积 1 万平方公里。南方电网公司实现与缅甸电网的互联互通，通过 220 千伏输电线路从缅甸瑞丽江一级水电站和太平江水电站进口电力，并建成 110 千伏中国勐龙—缅甸景仰输变电工程向缅甸出口电力。另外，由南方电网、三峡集团等中国企业与缅甸合作伙伴投资建设的孟东水电站、缅北水电站等项目正处于预可研阶段。

4. 中国与"一带一路"沿线国家能源合作意义、思路及形势

4.1 意义

4.1.1 确保中国能源安全的重要进口来源地

中国能源对外依存度较高，确保能源进口来源的多元化和稳定性对于中国能源安全具有重要意义。尽管目前国际能源市场供应充足、能源价格低迷，作为世界最大能源进口国的中国在国际能源市场上的话语权得到提升，但是在可预见的未来20－30年内，中国能源需求和能源进口仍将保持增长，能源对外依存度仍会提升，能源安全形势仍然不容乐观。"一带一路"沿线国家是重要的中国能源进口来源地，中国从"一带一路"沿线国家进口的石油、天然气和煤炭分别占中国进口总量的65.8%、85.2%和43.6%。巩固中国与"一带一路"沿线国家能源合作关系，提升中国与

"一带一路"沿线国家能源合作的深度和广度，是维护中国能源安全和经济安全的重要举措。

（1）中国能源需求及对外依存度预测

表4-1 2040年中国能源消费总量及结构预测

	一次能源需求（百万吨油当量）							一次能源结构（%）		增长率（%）
	1990	2012	2020	2025	2030	2035	2040	2012年各类能源占比	2040年各类能源占比	2012-2040年均增长率
煤炭	533	1977	2193	2222	2234	2204	2123	68	51	0.3
石油	122	468	572	658	712	723	725	16	17	1.6
天然气	13	123	220	288	353	414	460	4	11	4.8
核能	0	25	117	178	221	257	288	1	7	9.1
水能	11	74	106	113	118	122	126	3	3	1.9
生物质能	200	216	229	239	249	262	272	7	6	0.8
其他能源	0	26	75	104	132	162	191	1	5	7.4
总计	879	2909	3512	3802	4019	4145	4185	100	100	1.3

数据来源：IEA（2014）。

根据 IEA 预测，从 2012 年到 2040 年，中国能源需求将保持 1.3% 的增长率。其中，煤炭作为一次能源中占比最高的能源种类，受到碳减排、污染治理等因素的影响，将是需求增长最慢的能源种类，年均需求增长 0.3%，且增长主要体现在 2030 年之前，2030 年左右中国煤炭需求将会下降。天然气是传统化石能源中碳排放量和污染物排放量最低的，也是需求增长最快的种类，年均增长 4.8%。石油年均需求增长 1.6%，也大于整体能源需求增长率。核能是所有能源种类中增长最快的，年均增长 9.1%。

根据 IEA 的预测，2040 年中国石油对外依存度将上升到 77%，天然气对外依存度将上升到 39%，煤炭对外依存度保持着目前约 8% 的水平，能源整体对外依存度上升到 22%。与中国类似，印度能源对外依存程度也将进一步加深，从 2012 年的 30% 上升到 2040 年的 45%。日本能源对外依存度有所降低，但是 2040 年仍保持在 69% 的水平。可以预见，为了确保稳定的能源供应，亚太地区的中国、日本和印度对于能源投资、进口、运输、价格的博弈仍会继续，中国能源安全问题仍然不容忽视。

表4-2　中国及其他主要国家能源对外依存度变化

	石油		天然气		煤炭		生物质能		所有能源整体	
	2012	2040	2012	2040	2012	2040	2012	2040	2012	2040
中国	54%	77%	27%	39%	8%	8%	0%	1%	15%	22%
美国	47%	24%	6%	-3%	-14%	-13%	1%	1%	16%	4%
日本	99%	98%	97%	99%	100%	100%	6%	22%	94%	69%
俄罗斯	-72%	-69%	-28%	-36%	-33%	-44%	-5%	-10%	-45%	-44%
印度	74%	92%	32%	46%	25%	39%	0%	2%	30%	45%
巴西	7%	-41%	40%	-7%	80%	88%	-1%	-9%	11%	-18%

数据来源：IEA（2014）。

（2）中国与"一带一路"沿线国家石油贸易概况

2014 年，中国进口原油 3.1 亿吨，其中来自"一带一路"沿线的原油 2.0 亿吨，占 65.8%。在"一带一路"沿线各地区中，中国从中东进口原油数量最多，占中国进口原油总量的 52.1%；其次是俄罗斯及中亚地区，占中国进口原油总量 12.9%；从东南亚和南亚进口的原油较少，从中东欧没有原油进口。中国原油五大进口国

（沙特阿拉伯、安哥拉、俄罗斯、阿曼和伊拉克）中，4 个国家位于
"一带一路"沿线①。

表 4 - 3　中国石油进口来源地②

		国家	进口数量（万吨）	占比
"一带一路"沿线	中东	沙特阿拉伯	4966.5	16.1%
		阿曼	2974.2	9.6%
		伊拉克	2857.8	9.3%
		伊朗	2746.3	8.9%
		阿联酋	1165.2	3.8%
		科威特	1061.9	3.4%
		中东其他国家	308.3	1.0%
		中东小计	16080.1	52.1%
	俄罗斯及中亚	俄罗斯	3310.7	10.7%
		俄罗斯及中亚其他国家	671.7	2.2%
		俄罗斯及中亚小计	3982.4	12.9%
	东南亚		215.7	0.7%
	南亚		1.6	0.0%
	中东欧		0.0	0.0%
	沿线总计		20279.8	65.8%

---

①　ITC 数据库。
②　ITC 数据库。

		国家	进口数量 （万吨）	占比
其他地区	非洲	安哥拉	4064.9	13.2%
		非洲其他国家	2731.9	8.9%
		非洲小计	6804.0	22.1%
	中南美洲	委内瑞拉	1378.5	4.5%
		哥伦比亚	1009.1	3.3%
		中南美洲其他国家	928.1	3.0%
		中南美洲总计	3315.7	10.8%
	大洋洲		280.4	0.9%
	西欧		136.5	0.4%
	北美洲		20.2	0.1%
世界总计			30836.7	100%

（3）中国与"一带一路"沿线国家天然气贸易概况

2014 年，中国进口天然气 588 亿立方米，其中来自"一带一路"沿线的天然气 501 亿立方米，占 85.2%。在"一带一路"沿线各地区中，中国从俄罗斯及中亚地区进口天然气数量最多，占中国进口天然气总量的 48.5%；其次是中东和东南亚，各占中国进口天然气总量 18.4%；从南亚和中东欧没有天然气进口。中国天然气五大进口国（土库曼斯坦、卡塔尔、澳大利亚、马来西亚、印度尼西亚）中，4 个国家位于"一带一路"沿线，其中仅从土库曼斯坦进口的天然气就占中国天然气进口的 43%[①]。

---

① BP（2015）。

表4-4 中国天然气进口来源地①

地区		国家	进口数量 （亿立方米）	类型	占比
"一带一路" 沿线	俄罗斯 及中亚	土库曼斯坦	255	管道天然气	43.4%
		乌兹别克斯坦	24	管道天然气	4.1%
		哈萨克斯坦	4	管道天然气	0.7%
		俄罗斯	2	液化天然气	0.3%
		小计	285	–	48.5%
	中东	卡塔尔	92	液化天然气	15.7%
		也门	14	液化天然气	2.4%
		阿曼	2	液化天然气	0.3%
		小计	108	–	18.4%
	东南亚	马来西亚	41	液化天然气	7.0%
		印度尼西亚	35	液化天然气	6.0%
		缅甸	30	管道天然气	5.1%
		文莱	2	液化天然气	0.3%
		小计	108	–	18.4%
	南亚		0	–	0.0%
	中东欧		0	–	0.0%
	沿线总计		501		85.2%

---

① BP（2015）。

续表

地区		国家	进口数量（亿立方米）	类型	占比
其他地区	大洋洲	澳大利亚	52	液化天然气	8.8%
		巴布亚新几内亚	4	液化天然气	0.7%
		小计	56	–	9.5%
	非洲	赤道几内亚	10	液化天然气	1.7%
		尼日利亚	6	液化天然气	1.0%
		阿尔及利亚	3	液化天然气	0.5%
		安哥拉	2	液化天然气	0.3%
		埃及	2	液化天然气	0.3%
		小计	23	–	3.9%
	中南美洲	特立尼达和多巴哥	2	液化天然气	0.3%
	西欧	挪威	2	液化天然气	0.3%
	东亚	韩国	1	液化天然气	0.2%
	其他国家		3	液化天然气	0.51%
世界总计			588	–	100%

（4）中国与"一带一路"沿线国家煤炭贸易概况

2014年，中国进口煤炭（不包括褐煤）2.3亿吨，其中来自"一带一路"沿线的煤炭9942千万吨，占43.6%。在"一带一路"沿线各地区中，中国从东南亚进口煤炭数量最多，占中国进口煤炭总量的24.1%；其次是俄罗斯和蒙古，各占中国进口煤炭总量的11.1%和8.4%；从南亚、中东和中东欧没有煤炭进口。中国煤炭五大进口国（澳大利亚、印度尼西亚、俄罗斯、蒙古、朝鲜）中，3个国家位于"一带一路"沿线①。

———————
① ITC数据库。

表4-5 中国煤炭进口来源地①

地区		国家	进口（万吨）	占比
"一带一路"沿线	东南亚	印度尼西亚	4767.2	20.9%
		越南	683.1	3.0%
		菲律宾	42.1	0.2%
		小计	5492.3	24.1%
	俄罗斯及蒙古	俄罗斯	2526.6	11.1%
		蒙古	1922.6	8.4%
		小计	4449.3	19.5%
	南亚		0.0	0.0%
	中东		0.0	0.0%
	中东欧		0.0	0.0%
	沿线总计		9941.6	43.6%
其他地区	大洋洲	澳大利亚	9443.7	41.4%
		新西兰	50.2	0.2%
		小计	9493.9	41.6%
	东亚	朝鲜	1546.4	6.8%
	北美洲	加拿大	819.6	3.6%
		美国	378.4	1.7%
		小计	1197.9	5.3%
	非洲	南非	575.7	2.5%
		莫桑比克	14.8	0.1%
		小计	590.5	2.6%
	南美洲	智利	14.8	0.1%
	其他国家		28.6	0.1%
世界总计			22813.6	100%

① ITC 数据库。

4.1.2 中国能源行业开展国际产能合作的重要市场

推进国际产能和装备制造合作，是推动新一轮高水平对外开放、增强国际竞争优势的重要内容，是保持我国经济中高速增长和迈向中高端水平的重大举措。2015 年 5 月，国务院发布《关于推进国际产能和装备制造合作的指导意见》，在能源电力领域，提出大力开发和实施境外电力项目，提升国际市场竞争力，具体措施包括：加大电力"走出去"力度，积极开拓有关国家火电和水电市场，鼓励以多种方式参与重大电力项目合作，扩大国产火电、水电装备和技术出口规模。积极与有关国家开展核电领域交流与磋商，推进重点项目合作，带动核电成套装备和技术出口。积极参与有关国家风电、太阳能光伏项目的投资和建设，带动风电、光伏发电国际产能和装备制造合作。积极开展境外电网项目投资、建设和运营，带动输变电设备出口。2015 年 5 月，国务院发布的《中国制造 2025》文件中也提出深化产业国际合作，加快企业走出去，积极参与和推动国际产业合作。

"一带一路"沿线是中国能源行业开展国际产能合作的重要市场，主要体现在：

第一，"一带一路"沿线能源行业国际产能合作市场规模增长较快，潜力较大。"一带一路"沿线国家能源需求增长较快，对能源行业投资、工程、装备等需求旺盛，相对于发达国家，"一带一路"沿线是更有发展潜力的市场。根据 IEA 预测，2012 – 2040 年，"一带一路"沿线能源需求年增长率约 2.1%，大于世界平均水平 1.1%，也高于发达国家平均水平 0.1%。

表4-6　世界各地区能源需求（百万吨油当量）①

地区		2012	2020	2030	2040	2012-2040 增长率
发达国家	北美发达国家	2618	2781	2771	2821	0.3%
	西欧发达国家	1769	1762	1717	1697	-0.1%
	亚太发达国家	864	893	905	895	0.1%
	发达国家合计	5215	5436	5392	5413	0.1%
"一带一路"沿线	中东欧和中亚	1178	1194	1286	1384	0.6%
	东亚和南亚	1065	1331	1764	2258	2.7%
	东南亚	577	708	870	1084	2.3%
	中东	680	800	992	1153	1.9%
	"一带一路"沿线合计	3500	4033	4912	5879	2.1%
其他发展中国家	非洲	739	897	1095	1322	2.1%
	拉丁美洲	611	709	857	985	1.7%
中国		2909	3512	4019	4185	1.3%
总计		13361	14978	16720	18293	1.1%

　　第二，中国能源企业在资金、装备、工程等领域具有比较优势，在"一带一路"沿线国家具有较强竞争力。

　　经过改革开放30多年的发展，尤其是近10年来，我国电力装备制造业取得了翻天覆地的变化，形成了门类齐全、规模较大、具有一定技术水平的产业体系。自2006年开始，我国发电设备年产量连续9年超过1亿千瓦，占全球发电设备产量的50%以上；截止

―――――――――
① IEA（2014）。

2014 年底，我国发电设备装机容量为 13.6 亿千瓦，已超过美国位居世界第一。自 2008 年开始，变压器年产量连续 7 年超过 10 亿千伏安，220 千伏及以上输电线路长度为 57.89 万公里，位居世界第一。我国现已成为名副其实的电力装备制造大国。2014 年，电力装备制造业实现的工业总产值超过 5 万亿元，主营业务收入 5.33 万亿元，实现利润 3112 亿元，进出口总额 1649 亿美元。

在发电和输配电装备领域，我国拥有自主知识产权的大型发电成套装备、特高压输变电成套装备、智能电网成套装备等为代表的电力装备已经达到国际领先水平，其中具有标志性的重大技术装备及产品包括 1000 兆瓦级超超临界火电机组、700 兆瓦及以上水电机组、1000 兆瓦级核电机组、300 兆瓦 F 级重型燃气轮机、1000 千伏特高压交流输电成套设备、±800 千伏特高压直流输电成套设备、智能电网输变电成套设备等，具有较强的国际竞争力。在新能源装备领域，受益于中国新能源市场的快速增长，一批新能源企业依托国内市场迅速扩张，成长为国际知名的风电、光伏投资商和装备制造商。2015 年全球十大风电整机制造商排名中有 4 家中国企业，全球十大光伏组件供应商排名中有 5 家中国企业。

第三，中国能源行业产能过剩的领域与"一带一路"沿线需求旺盛的领域具有较高重合度，产能合作具有互补优势。

中国在煤炭和煤电领域存在比较严重的产能过剩问题。2016 年 2 月国务院下发的《关于煤炭行业化解过剩产能实现脱困发展的意见》指出，近年来，受经济增速放缓、能源结构调整等因素影响，煤炭需求大幅下降，供给能力持续过剩，供求关系严重失衡，导致企业效益普遍下滑，市场竞争秩序混乱，安全生产隐患加大，对经济发展、职工就业和社会稳定造成了不利影响。《意见》提出，在近年来淘汰落后煤炭产能的基础上，从 2016 年开始，用 3 至 5 年的时间，再退出产能 5 亿吨左右、减量重组 5 亿吨左右，较大幅度压缩煤炭产能，适度减少煤矿数量。在燃煤发电领域，我国用电增速由 2011 年的 12% 下降到 2015 年的 0.5%。当前，随着产业结构转型升级，煤电过剩风险逐步显现。截止到 2015 年底，全国煤电装机超过 9 亿千瓦，加上核准在建和纳入规划的项目，合计规模已经超过 12 亿千瓦。全国火电利用小时数由 2013 年的 5021 小时下降到 2014 年的 4739 小时，再到 2015 年的 4329 小时。2016 年 4 月，国家发展改革委、国家能源局连续印发了《关于促进我国煤电有序发展的通知》《关于建立煤电规划建设风险预警机制暨发布 2019 年煤电规划建设风险预警的通知》和《关于进一步做好煤电行业淘汰落后产能工作的通知》3 个文件，严控各地煤电新增规模，对于经电力电量平衡测算存在电力盈余的省份以及大气污染防治重点区域，原则上不再安排新增煤电规划建设规模。

中国煤炭和煤电领域的资金、装备、设计和施工力量面临着寻找国际市场、转移产能的问题。在世界大部分地区都在限制煤炭和煤电产能的情况下，受到资源禀赋、发展基础等因素的影响，东南亚仍然把煤炭和煤电作为发展的重点领域。根据 IEA 的预测，在未来 30 年内，东南亚煤炭需求年均增长 4.6%，是所有能源种类中增长最快的；煤炭在东南亚一次能源消费中的比例将由 2013 年的 15% 上升到 2040 年的 29%；煤电在东南亚发电中的比例将由 2013 年的 36% 上升的 2040 年的 53%。东南亚煤炭和煤电行业的快速发展，为中国煤炭和发电企业转移产能提供了良好的机遇。

4.1.3 中国争取国际能源治理权的重要舞台

国际能源治理权体现在很多方面，包括较高能源安全保障水平、安全的能源运输通道、对能源定价的影响力、在能源国际组织中的主导力等。当前中国虽然是世界上最大的能源消费国和进口国，但是在国际能源舞台上的治理权、影响力、话语权并不高，主要体现在能源进口来源和运输通道受制于人、能源定价权缺失、在国际能源组织中的主导力不足等方面。"一带一路"建设为中国参与国际能源治理、扩大中国在国际能源体系中的影响力和话语权提供了重要舞台。

在能源安全保障方面，"一带一路"沿线是世界上能源最富集的地区，是中国最主要的能源进口来源地，巩固中国与"一带一路"沿线国家能源合作，能够进一步提升中国能源进口的稳定性和进口渠道的多元化，提升能源安全水平。

在能源进口通道方面，通过深化与"一带一路"沿线国家能源合作，中国能源进口的运输通道将进一步多元化，中国能源进口的主动性和话语权将会提升。中国能源进口曾经高度依赖海上通道，马六甲海峡扼守中国能源进口的咽喉，亚丁湾、波斯湾等关键运输节点附近如发生海盗袭击、恐怖主义或者地区冲突，也会对中国能源供应造成威胁。随着"一带一路"沿线中俄、中亚、中缅油气管道的建成，中国能源进口通道已经渐趋多元化。未来随着中俄天然气管道东线和西线的建成，以及以瓜达尔港为核心的中国—巴基斯坦能源通道建成，中国能源进口通道将进一步拓宽。另外，中国海上油气运输通道的安全，也取决于海上丝绸之路沿线国家能源合作的进程，通过加强与南亚、东南亚国家的能源及其他领域合作，共同打击印度洋运输通道沿途的恐怖主义和海盗活动，管控南海分歧，维护海上运输通道的安全。

在能源定价权方面，中国对国际油气价格定价的影响力较小，长期以来油气价格存在"亚洲溢价"，中国比其他的地区进口能源要付出更高的成本。随着"一带一路"能源合作的深入，中俄、中亚、中缅和海上四大油气进口通道的运输量进一步增大，形成了多渠道能源供应汇聚中国，中国将变成亚洲乃至世界重要的能源交易中心，不同来源渠道的油气形成一定竞争，从而产生具有国际影响力的、有利于中国企业的中国价格。

在能源国际组织影响力方面，IEA、OPEC 等国际能源组织在国际能源舞台上发挥着重要作用，一个国家参与国际能源组织的深度和影响力是其能源治理权的重要体现。中国与大部分国际能源组织都有合作，但是合作程度较低，中国主导的或者具有较高影响力的国际能源组织则极少。中国对国际能源组织参与度较低，其原因是多方面的，如部分国际能源组织具有排他性或者对成员设置了限制条件，也有的是因为历史原因，或者由于中国对于能源国际治理权的忽视等。"一带一路"建设为中国扩大在国际能源组织影响力提供了有利机遇。中国与"一带一路"沿线汇集了世界范围内最主要的能源进口国和能源出口国，中国与"一带一路"沿线国家能源合作程度将进一步加深，中国依赖"一带一路"沿线国家能源进口的同时，"一带一路"沿线国家也高度依赖中国对能源的消纳。中国可以在上合组织等现有框架下加强与"一带一路"沿线国家能源合作，提升中国及"一带一路"沿线国家在国际能源舞台上的影响力与话语权，将来条件成熟时中国可以倡导建立新型的、沟通能源进口国和出口国的国际能源组织，可命名为"一带一路"能源俱乐部，作为发展中国家能源合作的重要平台。

4.2　总体思路

市场导向。以企业为主体，以市场为导向，按照国际惯例和商业原则与"一带一路"沿线国家开展能源合作，充分发挥市场在资源配置中的决定性作用，企业自主决策、自负盈亏、自担风险。政府加强统筹协调，制定发展规划，改革管理方式，提高便利化水平，完善支持政策，营造良好环境，为中国能源企业在"一带一路"沿线拓展业务创造有利条件。

互利共赢。充分考虑所在国国情和实际需求，注重与当地政府和企业互利合作，创造良好的经济和社会效益，照顾各方利益关切，扩大利益共同点，融入当地经济社会发展，积极履行社会责任，实现互利共赢、共同发展。

积极稳妥。在充分掌握和论证相关国家政治、经济和社会情况基础上，积极谋划、合理布局，防止一哄而起、盲目而上、恶性竞争，切实防控风险；构建完善的风险识别、评估、预警和应对机制，针对"一带一路"沿线国家比较突出的政治风险、安全风险、汇率风险等提前制定预案，提升海外项目风险管控能力。

重点突出。以国际产能合作、电力和油气网络互联互通、能源资源合作开发为重点，以周边国家、能源资源丰富国家、政治经济形势稳定的国家为主要方向，根据不同国家和行业的特点，有针对性地采用投资、工程承包、装备出口等多种合作方式有序推进。

4.3 面临的形势

4.3.1 中俄能源合作面临的形势

（1）中俄能源合作是中俄全面战略协作伙伴关系的重要内容，受到中俄两国政府的高度重视，在两国政府的推动下中俄在石油、天然气、煤炭、电力等领域均取得显著进展。

中俄能源合作有助于增强两国战略互信、推动经贸合作、保障能源安全，对于巩固两国战略协作伙伴关系具有十分重要的意义。2008 年中俄两国成立副总理级能源谈判机制（现更名为中俄能源合作委员会），截止 2015 年底，中俄能源合作委员会已经召开十二次会议。在 2015 年 11 月份举行的中俄能源合作委员会第十三次会议上，中俄双方商定，将按计划推进东线天然气管道建设，根据能源上下游一体化合作共识推动西线天然气、亚马尔液化天燃气项目，切实保障中俄原油管道顺利运营，积极实施增供油项目，推进中国境内段复线管道建设，认真落实好合资建设天津炼厂项目。同时，双方还要积极推进电力、煤炭、核能、可再生能源合作，拓展能源技术、本币结算、工程服务等领域合作新项目。此外，双方还将加快开展能源装备合作，加强能源各领域的标准对接交流。在双方政府的积极推动下，中俄能源合作已经取得重要进展，为将来进一步扩大能源合作奠定了基础。

在油气领域，中俄两国石油和天然气贸易稳步推进，并将合作领域逐步拓展到上游。2010 年 9 月 27 日，中俄原油管道竣工。中俄原油管道起自俄罗斯远东管道斯科沃罗季诺分输站，经中国黑龙江省和内蒙古自治区，止于大庆站，管道全长约 1000 公里。按照双方协定，俄罗斯将通过中俄原油管道每年向中国供应 1500 万吨原油，合同期 20 年。2014 年 11 月，中石油与俄罗斯国家石油公司签署了《关于万科油田项目合作的框架协议》，中石油将入股万科油田，进入俄罗斯石油行业上游。2015 年 9 月，中石化与俄罗斯石油公司签订了《共同开发鲁斯科耶油气田和尤鲁勃切诺—托霍姆油气田合作框架协议》，根据协议，中石化将收购俄罗斯石油公司所属东西伯利亚油气公司和秋明油气公司这两家公司 49% 的股份。俄罗斯对于外国投资者入股国内油田进行严格限制，此次破例允许中石油入股万科油田表明中俄能源合作正向更深层次发展。

中俄天然气东线管道建设进入建设阶段。2014 年 5 月 21 日，中石油和俄罗斯天然气公司签署了《中俄东线天然气购销合同》，合同期 30 年。合同约定，2018 年俄罗斯开始通过中俄东线天然气管道向中国供气，供气量逐年增长，最终达到每年 380 亿立方米。合同签署后，双方开始建设中俄东线天然气管道。中俄东线天然气管道中国境内段起自黑龙江省黑河市中俄边境，止于上海市，途经黑龙江、吉林、内蒙古、辽宁、河北、天津、山东、江苏、上海 9 省市区，拟新建管道 3170 公里，并行利用已建管道 1800 公里，并配套建设地下储气库。中俄东线天然气管道俄罗斯境内管道于 2014 年 9 月 1 日开工建设，中国境内管道于 2015 年 6 月 29 日正式开工建设。

中俄天然气西线管道谈判也在积极推进。2014 年 11 月 9 日，中石油与俄罗斯天然气工业股份公司签署《关于通过中俄西线管道自俄罗斯联邦向中华人民共和国供应天然气领域合作的备忘录》，协议规定未来中俄西线天然气管道的年供气规模为 300 亿立方米，供气期限为 30 年。中俄西线天然气管道建成后，中国将超过德国成为俄罗斯最大的天然气客户。但与东线不同，中俄《关于通过中俄西线管道自俄罗斯联邦向中华人民共和国供应天然气领域合作的备忘录》不具备法律效益，西线方案能否步入实质性建设阶段取决于国际天然气供需形势、中国能源需求结构、中俄政治经济关系等不确定性因素。

中俄在天然气上游以及 LNG 领域合作也取得突破。2013 年 6 月，中石油与俄罗斯第二大天然气生产商诺瓦泰克公司签署收购亚马尔 LNG 项目 20% 股权的协议。亚马尔 LNG 项目位于俄罗斯油气资源潜力巨大的北极地区，是集气田勘探、开发、LNG 工厂建造、液化、融资、船运和 LNG 销售为一体的项目。按照协议，中石油每年购买 300 万吨亚马尔项目 LNG，每年 7－11 月通过北极经白令海峡运往中国。中俄在亚马尔项目上的合作对拓展中俄天然气合作模式、进入北极地区油气资源勘探开发、开辟北极航道具有重要意义。

在煤炭和电力领域，中俄合作也取得积极进展，一批重点煤炭和电力项目稳步推进。2012 年 12 月 5 日，中俄签署《中俄煤炭领域合作路线图》，双方承诺加强煤炭领域合作，包括增加俄罗斯对华煤炭出口、吸引中方资金对俄境内港口和铁路基础设施进行现代化改造、开展在俄境内建设煤制油项目的可行性研究等。神华等中国煤炭企业积极开展在俄罗斯业务，2013 年 3 月，神华集团与俄罗斯 En＋集团签署合作协议，在煤炭勘探、开采和加工等领域开展合作，在俄罗斯东西伯利亚和远东地区修建公路、铁路、电厂和港口，中国国家开发银行将为该项目提供融资。2014 年 9 月，神华集团与俄罗斯 Rostec 集团签署备忘录，双方将联手开发位于俄罗斯阿穆尔地区的煤矿区，并建设滨海边疆区煤炭港口，预计项目总投资额将高达 100 亿美元。

从 20 世纪 90 年代开始中国从俄罗斯进口电力，建成了 4 条

110kV 和 220kV 输电线路，但受到输送容量、电力价格、政治经济格局等因素影响，电力贸易规模较小。为了扩大电力贸易规模，2007 年中俄开始建设 500KV 直流联网工程，并于 2012 年 1 月 1 日投入试运行，年输电量约为 43 亿千瓦时。2012 年 6 月，在胡锦涛主席和普京总统的见证下，中国国家电网公司与俄罗斯统一电力国际公司签署了《关于扩大电力合作的谅解备忘录》，计划在俄罗斯境内合作开发大型煤电项目，新建跨国输电线路，进一步扩大从俄罗斯进口电力规模。在核电合作领域，中俄合作开发的连云港田湾核电站于 2007 年 5 月正式投入商业运行，2012 年 11 月两国正式签署田湾核电站二期项目政府间协议，加强核电站、空间核动力、浮动堆、快堆及核燃料等领域一揽子合作。

（2）乌克兰政治危机后俄罗斯与欧美国家关系恶化，欧美国家对俄罗斯能源企业进行制裁，俄罗斯能源企业与中国能源企业的合作更为迫切。

在乌克兰危机爆发后，欧盟和美国针对俄罗斯进行了多轮经济制裁，其中在 2014 年 7 月和 9 月的两轮制裁影响到俄罗斯主要石油和天然气公司生产经营活动。2014 年 7 月，欧盟在 MH17 航班坠毁事件后发布了一系列对俄罗斯的制裁，其中针对能源行业的制裁措施包括：第一，限制欧盟企业向俄罗斯深海石油钻井、北极圈石油勘探和页岩油开发活动进行新的投资、提供关键设备或技术；第二，暂停俄罗斯石油公司、俄罗斯天然气工业公司和俄罗斯石油运输公司在欧盟资本市场超过 30 天期限的融资。美国在 2014 年 7 月对俄罗斯实施制裁，禁止美国金融机构与投资者为俄罗斯石油公司、诺瓦泰克公司提供融资、交易服务，限制上述企业的债券交易。值得注意的是，在这一轮制裁中，制裁措施仍然是比较有限的，首先是欧盟的制裁措施生效期限仅为一年，而且制裁限于俄罗斯石油部门中的深海、北极圈和页岩油领域，没有涉及关键的俄罗斯天然气生产和常规原油生产，并且还是仅限制了该领域的新增合作项目，没有禁止已经存在的合作①。

2014 年 9 月，随着乌克兰东部武装冲突形势恶化，欧盟和美国采取了更加严厉的制裁来制约俄罗斯参与乌东部冲突的意图。欧盟新一轮制裁措施包括：禁止俄罗斯主要能源企业在欧盟市场募资；禁止欧洲银行向受制裁的俄罗斯企业提供银团贷款；扩大对石油行业技术的限制范围以及增加出口军民两用产品的限制。美国也宣布了扩大对俄制裁措施，禁止美国企业与俄罗斯主要能源企业开展项目合作。欧盟和美国的这一轮制裁基本上终结了俄罗斯能源公司在欧盟资本市场的融资能力，同时在深海钻井、北极圈勘探和页岩油方面将合作禁令扩大到已经签订的合作项目，使包括埃克森美孚在内的企业终止有关的勘探工作。欧盟对俄罗斯能源具有高度依赖性，为了防止制裁措施影响到欧盟能源供应，欧盟对俄罗斯的制裁措施没有直接涉及俄天然气及常规石油的生产，但对俄罗斯能源行业仍然产生严重负面影响。俄罗斯油气行业高度依赖欧美国家的技术和装备，其 80% 以上的油气开发软件、70% 的涡轮机和锅炉、50% - 60% 的压缩机、20% 的管材都需要进口，仅仅依靠本国设备俄罗斯难以完成北极大陆架、深水和页岩油气的开发②。

长期以来欧美能源企业在俄罗斯能源开发中起到重要作用。目前 BP、道达尔、壳牌、埃克森美孚、埃尼和挪威国家石油公司等跨国油气企业均在俄罗斯油气行业上游大规模开展业务。2014 年，BP 在俄罗斯资产达到 320 亿美元，位居跨国石油公司之首；道达尔、壳牌、埃克森美孚在俄罗斯资产分别达到 130 亿、70 亿和 60 亿美

---

① 陆京泽（2014）。
② 徐洪峰（2015）。

元。2014 - 2020 年 BP 和道达尔将在俄罗斯分别投入 130 亿美元，埃克森美孚和壳牌分别在俄罗斯投资 30 亿美元。2014 - 2020 年，BP 在俄罗斯油气产量将占公司总产量的 30% 左右。道达尔和壳牌在俄罗斯油气产量分别达到公司总产量的 15% 和 5% 左右[①]。面对欧美国家的制裁，欧美能源企业在俄罗斯开展业务受到一定限制，中国能源企业的资金和技术对于俄罗斯扩大能源生产、打破孤立状态具有重要意义，中俄能源合作进程将会加快推进。

（3）欧洲积极寻求俄罗斯之外的能源进口来源地，俄罗斯主导的南流天然气管道项目搁置，俄罗斯能源行业对中国市场的依赖程度加深。

俄罗斯为了摆脱能源出口对乌克兰过境的依赖，长期以来积极筹划修建绕过乌克兰的天然气管道，南流天然气管道就是其中重要的一条。21 世纪初期，俄罗斯向欧洲输送的天然气中约有 85% 过境乌克兰；蓝流和北流天然气管道建成后这一比例下降，2013 年这一比例降至 50% 左右[②]。2014 年乌克兰局势恶化后，俄罗斯发挥其他管道潜力，过境乌克兰出口欧洲的天然气比例降至 40% 左右。南流天然气管道建成后，俄罗斯可以完全绕过乌克兰向欧洲输送天然气。南流天然气管道计划从俄罗斯穿越黑海海底，从保加利亚上岸，然后分为条支线，一条支线向西北进入塞尔维亚、匈牙利、克罗地亚、斯洛文尼亚和奥地利等国家，另一条支线向西南进入希腊和意大利。从 2007 年开始，经过艰难的谈判，俄罗斯政府相继与过境国政府签署了管道过境协议，俄罗斯天然气工业公司与相关国家能源公司签署了合资成立管道公司的协议。2012 年开始，项目先后正在俄罗斯、保加利亚和塞尔维亚开工，计划 2018 年投产。

---

① 罗佐县等（2014）。
② 王海燕等（2015）。

　　欧盟担心南流天然气管道建成后对俄罗斯能源依赖程度加重，自始至终反对南流天然气管道。2014 年乌克兰局势恶化后，欧盟担心俄罗斯出口管道成功绕过乌克兰后更加有恃无恐支持乌克兰东部民间武装，因而更坚决反对管道修建。为了阻止管道修建，欧盟对南流天然气管道的重点过境国保加利亚施加压力，认为蓝流天然气管道违反欧盟法律：第一，欧盟第三能源法案要求能源生产商与管道运营商必须产权分离，而俄罗斯天然气工业公司作为天然气生产商同时在保加利亚境内的合资管道公司中持有 50% 股份，违反欧盟能源法案；第二，保加利亚境内管道建设公开招标程序违反欧盟法律，违规让俄罗斯公司和保加利亚当地合作伙伴中标[①]。

　　面对重重阻力，俄罗斯最终放弃了南流天然气管道，转而寻求其他过境通道。2014 年 12 月，普京访问土耳其时表示已经放弃南流天然气管道，同时与土耳其合作修建从里海至土耳其的天然气通道，通过土耳其向欧洲出口天然气。2014 年底，保加利亚等国境内正在施工的管道被拆除，俄罗斯天然气工业公司从过境国合作企业收购了南流天然气管道合资公司股权，从此项目被搁置[②]。南流天然气管道的流产使俄罗斯与欧盟在能源问题上的隔阂进一步加深，促使俄罗斯更加积极主动寻求出口市场的多元化，降低对欧盟市场的过度依赖；也促使欧盟加快能源进口来源的多元化，降低对俄罗斯能源的过度依赖。

　　欧盟能源进口来源多元化的努力已经取得积极进展，欧盟与中亚、西亚能源合作成效显著，随着未来南部天然气走廊的建成，欧盟对俄罗斯能源的依存度将会大大降低。2008 年 11 月，欧盟委员会通过了《欧盟能源安全和合作行动计划》，内容包括修建南部天然气

---

① 王海燕等（2015）。

② 岳小文（2015）。

走廊，即铺设跨越里海的天然气管道，绕过俄罗斯从里海沿岸国家进口天然气。南部天然气走廊计划包括纳布科天然气管道（经过土耳其、保加利亚、罗马尼亚、匈牙利、意大利等国）、TANAP 天然气管道（经过阿塞拜疆、格鲁吉亚、土耳其等国）和 TAP 天然气管道（经过希腊、阿尔巴尼亚、意大利等国）。纳布科天然气管道因与原计划中的南流天然气管道走向重合以及技术经济性等问题被放弃，TANAP 和 TAP 管道则进展顺利，尤其是 2014 年乌克兰危机后欧盟加快了建设步伐。2014 年 TANAP 管道启动建设，预计 2019 年建成，设计输气能力 160 亿立方米/年；TAP 于 2016 年开工建设，2019 年竣工，设计输气能力 200 亿立方米/年①。TANAP 和 TAP 天然气管道建成后将会提升欧洲与中亚、西亚国家能源合作层次，降低欧洲对俄罗斯能源的依赖，向欧洲能源进口来源多元化迈出重要一步。欧洲是俄罗斯能源的主要出口市场，在欧盟不断降低对俄罗斯能源依赖度的背景下，俄罗斯为了扩大能源出口必将加大对中国等亚太国家能源出口，俄罗斯能源外交的重心将更加东移，中俄能源合作面临有利机遇。

（4）中俄能源合作还面临大国政治、投资准入限制、市场和价格变化等一系列挑战。

俄罗斯能源行业对外国投资者投资设置限制条件。依照俄罗斯法律，石油、天然气和电力等行业属于战略性产业，外国投资者在战略产业中持有俄罗斯公司的股份比例超过 25% 时须向俄政府申请；持有股份比例超过 50% 的交易行为则被严格禁止。在中国能源合作过程中，俄罗斯政府和企业对中国企业抱有一定戒心，经常采取阻挠措施限制中国企业参与油气上游开发和能源企业股权合作。2002

---

① 王海燕等（2015）。

年，俄罗斯政府对斯拉夫石油公司国有资产进行拍卖，中石油参与竞标。但在竞拍前夕，俄罗斯国家杜马通过一项决议，不允许任何外国政府控股的实体参与竞拍斯拉夫石油的股权，中石油被迫撤出。2005年，中石化与俄罗斯天然气公司签署了联合开发萨哈林油气田的备忘录，但在项目推进过程中俄方不断提要要价，迟迟不愿与中方签署正式合作协议；俄罗斯政府也对项目增设环保要求，使钻探工作难以开展，中石化被迫撤出项目。

中俄能源合作面临复杂的国际关系和地缘政治格局。俄罗斯与其他国家开展能源合作时，除了追求利润最大化之外，还追求地缘政治影响力，试图通过能源外交提升俄罗斯在全球与地区层面的影响力。在东北亚，中国、日本、韩国均高度依赖进口能源，对俄罗斯能源的共同需求使中俄能源合作面临的外部环境复杂化，给中俄能源合作带来变数。在中俄石油合作过程中，中俄最早了规划的"安大线"，由俄罗斯的安加尔斯克油田直接向中国大庆的输送石油。由于日本的阻挠，俄罗斯放弃"安大线"，最终决定修建"泰纳线"，由俄罗斯的泰舍特市通往远东港口纳霍德卡，向中国大庆输送石油的管线作为"泰纳线"的支线。俄罗斯通过"泰纳线"向中国出口石油的同时，把"泰纳线"作为俄罗斯向日本、韩国以及东南亚国家石油出口的重要通道，从而保证能源出口的安全，扩大地缘政治影响力。

市场环境和价格的变化对中俄能源合作造成一定挑战。随着我国加快西北、西南、东北和海上四大油气战略管道建设，目前中国对进口天然气的接收能力和消化能力日趋饱和，俄罗斯天然气在中国的市场空间逐步收窄。根据2014年6月国务院办公厅印发的《能源发展战略行动计划（2014 - 2020年）》，到2020年，我国一次能源消费总量控制在48亿吨标准煤，天然气在一次能源消费中的比重提高到 10%以上，相当于 3600 亿立方米；国内常规天然气、页岩气、煤层气产量达到 2450 亿立方米。由此可以推算，2020 年我国进口天然气 1150 亿立方米，天然气对外依存度约 32%。从目前国内已有天然气进口通道看，2014 年底已建成的天然气进口通道中，中国—中亚天然气管道 A、B、C 线输气能力总计 550 亿立方米/年，中缅天然气管道输气能力 120 立方米/年，沿海 LNG 接收站接收能力 480 亿立方米/年，总计 1150 亿立方米/年，已建成的天然气进口通道基本可以满足 2020 年天然气进口需求。再考虑到目前正在规划和建设的中亚天然气管道 D 线输气能力 300 亿立方米/年，中俄天然气管道东线输气能力 380 亿立方米/年，沿海 LNG 接收站后续接收能力约 700 亿立方米/年，到 2020 年国内天然气进口接收能力能够充分满足国内需求。当然，中俄西线天然气对于扩大中国能源进口来源、实现进口途径多样化仍然意义重大，但中国对俄罗斯天然气需求不具有急迫性，有较多替代进口途径。

4.3.2　中国与中东能源合作面临的形势

（1）"一带一路"建设进一步提升了中国与中东国家关系的重要性，双方交流渠道继续拓宽，合作进一步升级。

中东地区具有重要的地缘战略价值。中东地区位于"五海三洲之地"，处于欧亚非三大洲结合部，连接了地中海、红海、里海、黑海、阿拉伯海。苏伊士运河、霍尔木兹海峡、达达尼尔海峡和曼德海峡等重要通道也位于中东地区。丝绸之路经济带横跨亚太经济圈、欧洲经济圈和发展中的非洲，中东正处于中间，是连接亚欧非三大洲广大地区经济往来和人文交流的重要桥梁。"一带一路"建设进一步提升了中国与中东之间的战略关系，新形势下构建"一带一路"的战略构想赋予中国与中东国家外交关系发展的新内涵。

2014年1月，中国与海湾阿拉伯国家合作委员会签署了《中华人民共和国和海湾阿拉伯国家合作委员会成员国战略对话2014年至2017年行动计划》，确定了双方在政治、经贸、能源、环境保护和气候变化、文化、教育、卫生、体育等领域的合作目标。双方强调加快中国和海合会自由贸易区谈判进程，认为中国和海合会国家经济互补性强，建立自由贸易区符合双方的共同利益。

2014年6月，习近平在中阿合作论坛第六届部长级会议开幕式上表示，中国同阿拉伯国家因为丝绸之路相知相交，是共建"一带一路"的天然合作伙伴。习近平还提出了中国与阿拉伯国家"1+2+3"的合作格局，即"1"是以能源合作为主轴，深化油气领域全产业链合作，维护能源运输通道安全，构建互惠互利、安全可靠、长期友好的中阿能源战略合作关系。"2"是以基础设施建设、贸易和投资便利化为两翼，加强中阿在重大发展项目、标志性民生项目上的合作，为促进双边贸易和投资建立相关制度性安排。"3"是以核能、航天卫星、新能源三大高新领域为突破口，努力提升中阿务实合作层次。

2016年1月，中国发布《中国对阿拉伯国家政策文件》，提出在共建"一带一路"过程中，对接双方发展战略，发挥双方优势和潜能，推进国际产能合作，扩大双方在基础设施建设、贸易投资便利化以及核能、航天卫星、新能源、农业、金融等领域的合作，实现共同进步和发展，让合作成果更多惠及双方人民。

2016年1月，习近平对沙特、埃及、伊朗三国进行了国事访问。在阿拉伯国家联盟总部发表演讲时，习近平强调中国与阿拉伯国家共建"一带一路"，确立和平、创新、引领、治理、交融的行动理念，推动中阿两大民族复兴形成更多交汇。

（2）中国与中东国家在经济上的互补性强，经贸合作发展潜力大，其中能源贸易是中国与中东国家贸易的重要部分。

2013 年中国与中东国家贸易额为 2851 亿美元，2009 - 2013 年平均增幅为 23%，在"一带一路"所有区域中增幅最快[1]。从中国与中东国家贸易结构来看，中国向中东国家出口的产品主要是机械器具、电机电气设备、针织服装、家具和钢铁制品，中国从中东国家进口的产品主要是矿物燃料、有机化学品、塑料制品、矿砂和矿产品，双方贸易互补性强。

与中国的贸易在中东国家对外贸易中具有重要地位。2013 年，中国是中东地区 3 个国家（科威特、叙利亚和阿联酋）的最大进口来源国，是 14 个国家（阿富汗、亚美尼亚、巴林、伊朗、伊拉克、以色列、约旦、黎巴嫩、阿曼、卡塔尔、沙特阿拉伯、土耳其、巴勒斯坦和也门）的第二大或者第三大进口来源国；中国是中东地区 1 个国家（也门）的最大出口目的国，是中东地区 3 个国家（伊拉克、伊朗和沙特阿拉伯）的第二大或者第三大出口目的地国。

中国正在与海合会进行自由贸易谈判。2004 年，中国和海合会决定启动中海自贸协定谈判，并于 2009 年就结束货物贸易框架下 97% 左右商品的市场准入问题达成一致，但当时基于种种原因，特别是国际市场的变化，海合会决定停止所有正在进行中的与全球其他贸易伙伴共计 17 个国家和地区组织的自由贸易谈判。2015 年 12 月，海合会外长理事会决定单独重启与中国的自贸协定谈判。2016 年 1 月，中国商务部和海湾阿拉伯国家合作委员会秘书处共同宣布，中国和海合会已经恢复自由贸易协定谈判，并将加快谈判节奏，以期达成一份全面的自由贸易协定。

---

[1] 根据 UNCTAD 数据库测算。

（3）中东政治局势动荡，大国博弈更加复杂，教派冲突越演越烈，恐怖主义猖獗，部分中东国家安全局势比较严峻。

2011 年始于北非国家突尼斯的政局波动蔓延到整个中东、北非地区，阿拉伯世界传统靠"强人政治"维持的政治秩序垮台，而西方国家倡导的民主转型也没有成功，中东地区陷入持续动荡甚至战争局面。埃及经历了多轮政权更替，国内矛盾尖锐；叙利亚和也门等国家的政局动荡演变成全面内战，导致数十万人丧失、上百万人沦为难民；巴林、科威特、约旦等国家也出现了大规模民众抗议示威等动荡局势。即便是未受到冲击的部分中东国家，也不同程度的面临政体脆弱的问题。沙特国王阿卜杜拉逝世后继任者萨拉曼也已经 81 岁；阿曼苏丹卡布斯已 74 岁高龄且无后代。这些国家均面临继承危机，未来政局充满变数①。

中东政局剧变之后，地区权力格局重新洗牌。埃及局势动荡，在地区中影响力下降，沙特阿拉伯取代埃及成为阿拉伯世界"领头羊"。伊朗政权稳固，与欧美关系也趋于缓和，地区影响力上升。中东地区大国博弈日渐成为沙特与伊朗的竞争。两国将地区内相对实力弱小的国家作为博弈战场，在巴林、伊拉克、叙利亚、也门等国家发动代理人战争，另外还发动石油价格战，力图保持本国在石油市场的份额并拖垮对方。美国和俄罗斯也积极介入中东局势。俄罗斯和美国在打击"伊斯兰国"问题上有共同的利益，但是在叙利亚、埃及等国家分别支持不同的政治派别以拓展政治影响力，存在激烈利益冲突。外部大国的介入使中东局势更加复杂。

伊斯兰教不同教派之间尤其是什叶派和逊尼派之间的长期对立，是中东地区政局动荡的重要原因之一。2003 年伊拉克战争后，长期

---

① 田文林（2015）。

潜伏的什叶派、逊尼派和库尔德人之间教派矛盾日趋紧张，三派势力在新政权内部激烈斗争，导致伊拉克长期局势动荡，新政府影响力较小。2011 年叙利亚陷入内乱后，成为阿拉伯国家逊尼派和什叶派冲突的主战场，执政的巴沙尔政权具有什叶派背景，得到伊朗、伊拉克和黎巴嫩等什叶派政权支持，而叙利亚反对派则得到沙特、卡塔尔等逊尼派政权的支持[①]。黎巴嫩、也门等国内部不同教派的冲突也严重影响了政局稳定。

中东地区恐怖主义一直十分猖獗，近年来的中东政局乱象为恐怖主义进一步滋生蔓延提供了土壤。此前一度元气大伤的基地组织死灰复燃；政治野心更大、政策更极端、财源更充足、战斗力更强的"伊斯兰国"声势壮大，将整个西亚北非的极端势力连成一片，对地区和国际安全局势构成严重威胁。

（4）国际油价低位徘徊，中东部分国家面临财政困难、失业率增加、经济增长乏力等问题。

近年来全球油气供大于求导致了油气价格低迷，在供给方面，美国页岩气革命带来的油气繁荣增加了全球市场供应；沙特等全球主要油气生产大国增产保市场的能源政策导致油气供应过剩。在需求方面，全球经济增长放缓造成国际能源市场需求下降；全球范围内节能技术进步，以及可再生能源大面积推广利用抑制了全球能源消费的增长。

大多数中东产油国财政收入主要依赖石油出口，油价高低直接决定了财政能否实现收支平衡。据估计，石油价格保持在 70 美元/桶以上时，科威特、阿联酋、卡塔尔才能实现财政收支平衡；石油价格保持在 90 美元/桶以上时，沙特才能实现财政收支平衡；石油

---

① 王晓丽（2015）。

价格保持在 120 美元/桶以上时,伊拉克才能实现财政收支平衡;石油价格保持在 140 美元/桶以上时,伊朗和巴林才能实现财政收支平衡。目前石油价格已经低于大多数中东国家财政平衡所需的最低均价,中东国家普遍面临财政困难、赤字增加、原计划的财政支出无法实现等问题①。

受到政局动荡以及低油价影响等因素影响,中东经济持续低迷,大部分中东国家经济增长率低于 2011 年之前。失业率也比 2011 年之前大幅提高,埃及、也门、伊拉克、约旦、巴勒斯坦等中东国家失业率在 10% 以上。大量民众失业导致抗议活动频繁、国内政局动荡加剧,而政局动荡又使经济衰退和失业问题更为严重。

4.3.3　中国与南亚能源合作面临的形势

(1)由于能源比较贫乏,南亚各国积极在海外寻找可靠的能源供应,积极筹划和建设从中亚以及从缅甸进口油气的管道,中国与南亚国家尤其是印度在能源来源方面面临竞争。

为了能有效地获取海外石油、天然气资源和参加跨国石油、天然气管道建设项目,印度石油和天然气部专门制定了能源外交战略规划(2011 - 2017),具体内容包括:以政府间合作为基础,在世界主要化石能源国家寻求石油、天然气的勘探和开发区块;积极收购国外石油和天然气资产;开展能源外交,确保国家能源安全;通过签定谅解备忘录或协议、发表声明等形式,与国际能源组织开展合作,积极参与全球能源对话,增强印度在国际能源论坛上的影响力②。

---

① 王震(2015)。
② 陈喜峰等(2015)。

表4-7 2011-2014年印度海外油气项目（包括全资、控股和参股项目）①

地区	国家	项目
亚洲	叙利亚	AFPC；Block 24
	伊朗	Farsi
	伊拉克	Block 8
	也门	Block 82；Block 83
	阿塞拜疆	ACG
	越南	Block06.1；Block128
	印度尼西亚	Nunnkan
	缅甸	Block-1；Block-3
	东帝汶	JPDA-6-103；Block-K
	哈萨克斯坦	Satpayev
	俄罗斯	Sakhalin-1；Imperial Energy
非洲	埃及	Exploration Block South Quesai & South Senal
	阿曼	Block 56
	苏丹	CNPOC
	南苏丹	GPOC；SPOC；Block 5A；Block 43
	利比亚	Area 86；Area 102/4；Area 95-96
	加蓬	Block Shakthi
	尼日利亚	Block 279；Block 285
	莫桑比克	Rovuma Area-1

---

① 陈喜峰等（2015）。

续表

地区	国家	项目
中南美洲	哥伦比亚	MECL；Block RC#8；Block RC#9；Block RC#10；CPO–5；SSJN–7；Gua off–2；LLA–69
	委内瑞拉	Sancristobal PIVSA；Carabobo Project–1
	巴西	BC–10；BM–SEAL–4；Espirito Santo/Brasil；Campos/Brasil；Sergipe/Brasil；Potiguar/Brasil；Block ES–42；Block BM S–73；Block BM–SEAL–4；Block BM–BAR–1；Block BM S–74
	古巴	Block 34–36；Block 25–29；Niobrara Shale JV Asset
北美洲	美国	Eagle Ford Shale Gas Asset
大洋洲	澳大利亚	EP413；T/L1 & T/18P；Block WA–388–P

目前印度、巴基斯坦积极推动的油气管道包括西部的伊朗—巴基斯坦—印度（IPI）天然气管道、东部的缅甸—孟加拉国—印度天然管道和北部的 TAPI 天然气管道。

伊朗—巴基斯坦—印度（IPI）天然气管道起始于伊朗南帕尔斯气田，连接巴基斯坦卡拉奇并延伸至印度，全长 2775 千米，计划输气能力为 219 亿立方米/年。目前伊朗境内部分基本建成，巴基斯坦境内部分已经开工但进展缓慢，印度境内部分尚处在谈判阶段。

伊朗和巴基斯坦早在 1989 年已就油气管道建设进行了初步协商，并于 1995 年正式签署合作协议。1999 年，伊朗与印度达成协议，将该管道延长至印度。由于这一管道项目将使伊朗获得长期稳定的天然气出口收益，美国长期以来对这一管道的修建持坚决反对态度。为劝服印度退出这一项目，2008 年，美国和印度达成了民用核项目合作协议。2009 年，印度因为"价格和安全原因"退出了油气管道项目。此后印度虽然在 2010 年与伊朗和巴基斯坦在德黑兰召开过与这一管道有关的三边会议，但到目前为止还没有重新加入这一管道项目。美国也对巴基斯坦不断施压，要求巴基斯坦退出项目，但巴基斯坦为了解决国内严重的能源短缺问题，仍然不断推行该项目。伊朗高度重视该项目，伊朗境内管道已经于 2011 年基本完成。2013 年 3 月 11 日，伊朗总统内贾德与巴基斯坦总统扎尔达里在两国边境地区举行奠基仪式，宣布贯通两国的伊朗—巴基斯坦天然气管道巴基斯坦一侧正式动工。受到美国压力影响，巴基斯坦境内管道修建进展并不顺利，预计 2014 年底完工的项目目前仍未完工。2015 年 8 月伊朗外长访问巴基斯坦时表示，伊朗—巴基斯坦天然气管道项目已取得一定进展，未来双方将进一步推行该项目。

缅甸—孟加拉国—印度天然气管道计划起始于缅甸，经过孟加拉国到达印度。2004 年，由韩国大宇公司、韩国天然气公司、印度石油公司和印度盖尔天然气公司组成的联合体在缅甸实兑附近发现一条天然气带，印度政府立即提出购买该区域的天然气，并决定修建一条从缅甸实兑经孟加拉国领土再到印度加尔各答的天然气管道。这条管道全长根据不同方案在 600 公里到 1200 公里之间，造价约 20 亿美元，计划在五年内全线开通。同时，来自印度、韩国、泰国和中国的公司也在竞购缅甸的天然气资源。韩国计划将天然气液化之后用轮船运回国内，中国、泰国和印度都准备通过管道运输。最终，中国和泰国成功获得天然气购买权并通过天然气管道进口至国内，而印度和韩国从缅甸进口天然气的计划则未能实现，缅甸—孟加拉国—印度天然气管道计划也暂时搁浅。

缅甸—孟加拉国—印度天然气管道计划搁浅的原因包括：第一，印度和孟加拉国政府在天然气管道过境问题上难以达成协议。孟加拉国同意印度天然气管道经由本国领土，但在同时提出了所谓的对等交换条件，即孟加拉国允许印度的天然气管道通过境内，但印度也应为孟加拉国从尼泊尔和不丹进口电力和其他商品开辟一条专用的陆地走廊。然而印度政府担心孟加拉国可能通过这条陆地走廊非法移民，因此只愿意支付天然气的过境费，不同意开辟孟加拉国和尼泊尔之间的陆地走廊。另外，长期以来孟加拉国和印度在恒河水源使用问题上一直存在争议。两国关系的隔阂导致天然气管道过境问题难以达成一致。第二，当时的缅甸军政府更倾向于建设中缅天然气管道。缅甸军政府认为缅甸—孟加拉国—印度天然气管道只有很短一段在缅甸境内，对缅甸基础设施建设的拉动作用远不如经由缅甸腹地的中缅油气管道。在这样的背景下，缅甸—孟加拉国—印度天然气管道计划面临重重困难。中缅管道建设建成后，目前缅甸尚未发现更多气源满足印度需求。除非未来缅甸天然气产量大规模增加，否则缅甸—孟加拉国—印度天然气管线将难以推进。

TAPI 天然气管道（Turkmenistan - Afghanistan - Pakistan - India Pipeline）从土库曼斯坦出发穿越阿富汗到达南亚的巴基斯坦和印度，以沿途四个国家的名称首字母命名。与印度规划的西线和东线天然气管道相比，北线进展速度相对较快。2012 年 1 月，阿富汗矿业部长沙赫拉尼称天然气管道项目已完成可行性研究。2015 年 12 月，TAPI 天然气管道建设破土动工仪式正式在土库曼斯坦马雷州举行。土库曼斯坦总统别尔德穆哈梅多夫、阿富汗总统加尼、巴基斯坦总理谢里夫和印度副总统安萨里共同出席了当天的仪式。

（2）印度在南亚具有重要影响力，中国与东南亚开展能源等领域的合作将受到中印关系的影响。

随着中国影响的提升，印度不仅将中国的崛起视为对印度崛起的最大威胁，而且将中国与南亚和印度洋沿岸国家的合作视为对印度影响力的挑战，特别是"海上丝绸之路"倡议被部分印度媒体和民众解读为围堵印度的战略举措，地缘政治的变化和大国博弈的态势，使得印度的危机感和恐惧感日益加深，中印两国呈现越来越激烈的地缘战略竞争局面①。中印战略对接有助于实现共同利益，并能对全球地缘政治产生积极影响。2014 年 9 月习近平主席在印度世界事务委员会的演讲中指出，中印两国作为世界多极化进程中的两支重要力量，作为拉动亚洲乃至世界经济增长的有生力量，又一次被推向时代前沿。中印关系已经远远超出双边范畴，具有广泛的地区和全球影响。中印携手合作，利在两国，惠及亚洲，泽被世界。2015 年 11 月李克强总理在参加东亚峰会期间会见印度总理莫迪时指出，中印发展战略契合。中国正在实施"中国制造 2025"、"互联网+"等战略，印度正在大力推进"印度制造"、"数字印度"等发展战略。中印作为世界两个最大的发展中国家，共同利益远大于分歧。双方增进互信、携手合作不仅可以促进世界经济增长，实现互利双赢，而且有利于亚洲乃至世界的和平、发展与繁荣。中印两国关系的走向将对中国与南亚国家的经贸、能源合作产生重要影响。

（3）南亚区域内部能源积极推进能源合作，中国与南亚在电力、油气、煤炭等能源领域具有较大合作潜力。

南亚区域合作联盟（South Asian Association for Regional Cooperation，SAARC）积极推进区域能源合作。2001 年 1 月，南亚区域合作联盟成立能源专业委员会。南盟的能源合作的主要措施是推动南亚地区电网和南亚能源管线建设，促进能源贸易，形成南亚能源圈。南亚能源圈是一个综合方案，主要目标是促进地区内多余能源在各国间的流动，共同进口天然气和电力，共同扩大经济规模，减少能源供给成本，提高能源供应稳定性，推动能源技术开发，形成覆盖南亚地区的能源圈"②。中国在基础设施建设方面尤其是在电力合作方面与南亚具有合作潜力，孟中印缅经济走廊和中巴经济走廊是中

---

① 朱翠萍（2016）。
② 缪建春（2009）。

国与南亚合作的重要平台。

4.3.4　中国与东南亚能源合作面临的形势

（1）东盟共同体建成，区域一体化发展进程和基础设施互联互通进程加快，跨国电网、油气管道项目以及配套的发电和油气开发项目为中国能源企业开展合作提供有利机遇。

1997 年底东盟公布《东盟 2020 愿景》，为东盟发展绘制了蓝图，提出 2020 年东盟将形成独具特色的区域共同体。2015 年底，东盟宣布以政治—安全共同体、经济共同体和社会文化共同体为三大支柱的共同体正式建成，由此东盟将跨入共同体时代，标志着东盟区域一体化进入新的发展阶段。当前，全球性区域经济一体化方兴未艾，欧美大国竞相发展自由贸易区，在区域乃至全球范围合纵连横，打造利益共同体，争夺区域主导地位，这正加速改变着当今世界经济和地缘政治的格局。东盟共同体是全球区域经济一体化的重要体现。经济共同体具有贸易转移的效应，即经济共同体内部国家之间贸易和投资增加，在一定程度上替代了来自经济共同体之外的贸易和投资，从这个角度来讲，东盟共同体对中国与东南亚开展能源合作构成挑战。但是随着东盟一体化进程的加快推进，东盟作为一个政治相对稳定、经济较快发展、投资需求旺盛的经济体，整体上将为中国能源企业拓展业务提供有利机遇。

2010 年东盟公布了《东盟互联互通总体规划》，提出了东盟的互联互通包括基础设施互联互通、机制互联互通和民间互联互通，并规划了互联互通主要项目资金筹措的来源。东盟的互联互通战略是东盟共同体建设的重要环节，是加速区域一体化的重要举措。目前，东盟互联互通的总体规划全面展开，并已初见成效。在东盟基础设施互联互通总体规划中，能源基础设施建设是重要内容。从 20

世纪 90 年代末起，东盟就制定了一系列能源合作行动计划。在第一个能源合作行动计划（1998－2003 年）期间，东盟制定了《跨东盟天然气管道总规划》和《东盟能源互联互通总规划》，拟于 2020 年建立东盟区域的天然气管道联通网络，实现天然气的跨国界运输。东盟 8 个跨国天然气管道联网项目已经动工，总长度约 2300 公里。在第二个能源合作行动计划（2004－2009 年）期间，东盟签署了电网谅解备忘录，成立了东盟电网咨询委员会，东盟电网项目已获得东盟领导人授权，但仍处于可行性研究阶段。第三个能源合作行动计划（2010－2015 年），更加强调能源安全和区域的可持续发展①。东盟跨国油气管道和跨国电网的建设为中国能源企业在东盟扩大资产投资、能源装备出口和能源工程承包业务提供了有利机遇。

（2）美国、印度等大国积极拓展在东南亚的影响力，与中国的"一带一路"建设构成竞争态势。

随着中国经济崛起以及美国重返亚太战略和印度东进战略的实施，东南亚成为世界大国势力角逐和博弈的重点地区②。1977 年东盟与美国的对话关系正式建立。在过去几十年中，东盟与美国的关系一直在东盟国家对外关系中占有重要的位置。冷战结束后，美国政府调整了亚太地区在其全球战略中的地位，将亚太地区作为冷战后美国谋求海外经济利益和维持其全球领导地位的重点地区。东盟是美国实施亚太战略的一个组成部分，是其实施亚太战略的重点地区。能源合作是美国与东盟合作的重点领域之一。2012 年奥巴马总统宣布了"美国与亚太地区未来发展可持续能源的全面合作伙伴关系"计划，这一计划将通过联合东盟各国双边和多边渠道，建立一个全面的能源合作框架，侧重于为可再生能源、能源市场互联互通、

---

① 王岩（2014）。
② 王勤（2015）。

天然气以及可持续开发提供技术支持和融资。美国将提供60亿美元以支持"美国与亚太地区未来发展可持续能源的全面合作伙伴关系"计划的实施①。

印度也在积极拓展在东南亚的影响力。印度外交的目标是巩固印度在南亚次大陆独一无二的主导地位,并通过大国战略、邻国战略与大周边战略实现控制印度洋的战略目标以及向太平洋延伸的远景战略目标。20世纪90年代印度提出了"东向政策"(Look East),主要目标就是扩大在东南亚的影响力。2002年印度与东盟建立了"10 + 1"合作机制,2003年签署了《东南亚友好合作条约》,2012年印度和东盟宣布正式完成服务和投资领域的自由贸易协定谈判,双边合作关系提升至战略伙伴关系。莫迪政府上台后,将"东向政策"升级为"东向行动政策"(Act East),加大外交力度,在政治、经贸、军事等方面采取更具体的行动。印度和越南联合开发南海石油事件以及印度实施的积极对缅政策,是印度以越南和缅甸为主要目标向东南亚推进"东向行动政策"的具体表现②。

(3)东南亚国家整体上政治稳定,但部分国家政局变化,对中国与相关国家能源合作产生不利影响。

近年来缅甸面临的国际国内形势发生变化,中国能源企业在缅甸投资环境恶化,风险加大。

第一,缅甸北部社会动荡加剧。2014年底,多支地方武装与缅甸政府军在果敢等地展开激战,造成惨重人员伤亡,并导致中国公民伤亡。由于缅甸政府与少数民族在军事、政治、经济等各领域权利共享问题久拖不决,北部边疆民族对缅甸政府不信任感仍然非常严重,短期内民族地区武装和缅甸政府的军事对峙难以根本改变,

---

① 殷婷(2014)。
② 朱翠萍(2016)。

武装冲突导致缅甸投资环境和安全环境进一步恶化，中国在缅甸的能源企业风险增大。

第二，欧美国家加快干预缅甸政治经济事务。随着美国"重返亚太"战略的实施，缅甸成为美国亚太布局的一枚重要棋子，从2011年美国前国务卿希拉里访问缅甸开始，美国全方位介入缅甸政治民主化和经济改革进程中，欧盟、日本等国家也通过投资、贷款、援助等方式加强在缅甸的影响力。中国能源企业在缅甸投资面临着政治环境改变、竞争对手增加等不利局面。

第三，缅甸政治改革加速，未来政策不确定性增大。缅甸1948年独立后长期实行军政府统治，国内民众、反对党以及少数民族势力对于民主法治、经济发展的诉求日益强烈，国内矛盾以战乱、骚乱、游行示威等激烈方式爆发，对军政府产生强烈冲击。为了缓解社会矛盾，从21世纪初缅甸军政府开始推行政治改革、推进民主化进程，举行多党制大选。2015年底，具有里程碑意义的缅甸大选落下帷幕，昂山素季带领的全国民主联盟赢得大选，缅甸军队实力派以及地方少数民族势力在大选中失利。新组阁的缅甸政府将实行一系列改革措施，中国能源企业在缅甸面临的投资环境和投资政策面临较大不确定性。

第四，国内利益格局日趋复杂，项目推进难度增大。随着缅甸政治、外交生态的变化，国内各利益团体更加活跃，"新殖民主义"、"资源掠夺"、"生态破坏"等针对中国投资者的误导性言论甚嚣尘上，地方政府、非政府组织等对投资项目的干预增加，缅甸多地爆发了针对中缅油气管道、中方投资能源项目的抗议示威活动，中国能源企业经营环境恶化。

受缅甸政治、外交、经济、社会形势变化影响，一批中国投资的项目受到冲击甚至陷于停顿，造成严重损失。中缅铁路原计划起于缅甸皎漂港，贯穿缅甸中北部，经由云南瑞丽进入中国直通昆明，走向基本与中缅油气管道平行，被称为中国西南战略大通道。2014年7月，缅甸政府对外宣布，一些组织和民众反对声音较大，铁路途经地区居民多次向缅甸政府抗议中缅铁路项目，因而暂缓推动该项目。中国电力投资集团与当地合作伙伴投资建设的密送水电站是世界上第15大水电站，于2009年12月开工。2011年9月，缅甸宣布，该水电站可能会造成环境破坏和气候变化，损害当地民众生活，因而在吴登盛总统任期内将搁置项目建设。莱比塘铜矿是中缅合作的一个大型项目之一，2012年3月开工。2012年11月，当地居民针对铜矿项目进行大规模抗议，投诉铜矿拆迁补偿不公平、污染环境等，抗议者占领施工现场，项目被迫中断。缅甸政府成立了以昂山素季为主席的调查委员会对该项目进行调查，调查组认为，莱比塘铜矿项目应该继续实施，但需要在环保、拆迁等方面采取改进措施。完成调查组提出的整改措施后，2015年初项目恢复施工。

4.3.5 中国与中亚能源合作面临的形势

（1）习近平主席在中亚提出了丝绸之路经济带的倡议，在"一带一路"倡议的引领下，中国与中亚国家合作层次显著提升。

2013年9月，习近平主席在哈萨克斯坦纳扎尔巴耶夫大学演讲时提出丝绸之路经济带建设构想，中亚成为"一带一路"倡议的起源地。2014年5月在上海举行亚信峰会期间，习近平主席与出席峰会的哈萨克斯坦、吉尔吉斯斯坦、塔吉克斯坦、乌兹别克斯坦四国元首进行会晤，此前还接待了来访的土库曼斯坦总统，商讨共同构建丝绸之路经济带问题。习近平主席关于丝绸之路经济带建设的倡议得到中亚国家的积极响应。哈萨克斯坦总统纳扎尔巴耶夫表示："哈方积极支持和参与丝绸之路经济带建设，拉动经贸、交通和边境口岸基础设施建设、金融等领域合作。"乌兹别克斯坦总统卡里莫夫表示:"乌方愿积极参与丝绸之路经济带建设,促进经贸往来和互联互通,把乌兹别克斯坦的发展同中国的繁荣更紧密地联系在一起。"吉尔吉斯斯坦总统阿坦巴耶夫表示:"吉方愿意积极参与丝绸之路经济带建设,促进两国经贸往来、基础设施互联互通和人文交流。"2014年9月和2016年6月,习近平主席再次访问中亚,推动中国与中亚国家加强油气、电力、经贸、交通基础设施建设等领域合作,对接发展战略,共同推动丝绸之路经济带建设。丝绸之路经济带建设为中国与中亚国家合作提供了全新机遇,开辟了新的合作模式。①

(2)中国与中亚国家经济互补性强,丝绸之路经济带建设与中亚国家发展战略十分契合,中亚国家积极将本国经济发展战略与丝绸之路经济带战略进行对接。

独立20多年来,中亚虽然个别国家短时间内出现过动荡,但整体上仍然属于政治和社会比较稳定的地区。多年来中亚国家一直在探索适合本国国情的发展道路,为了保持本国经济持续稳定发展,中亚各国都结合本国国情制定了经济发展战略。2012年哈萨克斯坦总统在国情咨文中提出《哈萨克斯坦2050》战略,主要目标是到2050年哈萨克斯坦跻身世界最发达国家前30强。哈萨克斯坦高度重视基础设施建设,积极完善交通基础设施,加快工业基础设施建设,发展能源基础设施建设,优化住宅公共事业基础设施建设以及供水、供热网络的建设,加强社会事业基础设施发展。乌兹别克斯坦制定了中期发展目标,包括改善工业结构,提高制造业比重;加速发展能源、交通和通信基础设施;进一步推动经济自由化;改善企业经营环境,大力发展小企业和私营企业,为其发展创造有利条件;吸引外国投资,提高产品竞争力并开辟新的市场,推动和支持出口。

---

① 孙力(2015)。

土库曼斯坦积极推行进口替代计划，加强本国生产的工业产品在国际市场上的份额，大力生产具有竞争力的出口产品，减少对原材料及能源经济出口的依赖，解决本国产品国内市场饱和的问题。土库曼斯坦制定和实施了天然气出口多元化战略，向中国、俄罗斯、伊朗出口天然气，还计划合作修建土库曼斯坦—阿富汗—巴基斯坦—印度（TAPI）管道和跨里海天然气管道。吉尔吉斯斯坦于 2011 年出台《2013～2017 年稳定发展战略》，将吉发展成为政治稳定、经济发展、具有活力和居民收入稳定增加的民主国家。文件设定了五年战略发展目标，决定优先发展交通、电力、采矿、农业、轻工业、服务业等领域，提出了包括基础设施、交通运输、能源、农业等众多领域的 77 个大项目。2015 年塔吉克斯坦提出了 2030 年国家战略的发展方向，提出了能源、交通、工业、农业、金融五个国民经济领域的优先发展方向。从中亚国家发展战略看，大都把能源、交通等基础设施建设置于优先发展位置，把交通走廊和过境运输能力建设作为重要战略发展方向，这与"一带一路"建设十分契合。①

　　中国与中亚国家经贸关系互补性很强，中亚国家大多是能源和资源出口国，需要稳定的出口市场，而中国是能源和资源进口大国，在世界大宗商品价格下降、消费乏力的背景下，中国这一巨大市场对中亚国家尤为重要。中国企业的资金和技术对中亚国家也有很大吸引力。因此，共建丝绸之路经济带倡议在中亚国家反响热烈，中亚多国表示将把本国未来发展战略与丝绸之路经济带战略进行对接。2014 年 5 月哈萨克斯坦总统纳扎尔巴耶夫访华期间中哈签署一系列合作协议。哈方表示，哈将积极参与丝绸之路经济带范围内的经贸、

---

　　①　吴宏伟（2015）。

运输、投资、金融和文化项目，总额超过 100 亿美元。2014 年 12 月，哈萨克斯坦总理与到访的李克强总理签署《哈中总理第二次定期会晤联合公报》，确定下一阶段哈中关系发展和合作的优先领域和重点项目。中哈签署价值 140 亿美元的合作文件以及就 180 亿美元的"中哈合作框架协议"达成初步共识。哈国家经济部与中国国家发展和改革委员会签署了共同建设丝绸之路经济带合作文件。2014 年 8 月，乌兹别克斯坦总统卡里莫夫访华，两国领导人研究了促进两国实业界直接往来及提高贸易、能源、资源、高科技及交通运输基础设施等领域合作水平的问题，双方签署了《2014～2018 年中乌战略伙伴关系发展规划》。2014 年 9 月，习近平主席访问塔吉克斯坦，两国领导人共同发表了《中华人民共和国和塔吉克斯坦共和国关于进一步发展和深化战略伙伴关系的联合宣言》，通过了《中华人民共和国和塔吉克斯坦共和国 2015～2020 年合作纲要》等文件，为新时期两国政治、经济、安全、人文等领域全方位合作指明了方向。2014 年 5 月吉尔吉斯斯坦总统阿坦巴耶夫会见习近平主席时表示，吉方愿意积极参与丝绸之路经济带建设，促进两国经贸往来、基础设施互联互通和人文交流。2014 年 5 月，习近平主席在北京与土库曼斯坦总统别尔德穆哈梅多夫举行会谈，两国签署了《中土友好合作条约》，制定了 2014～2018 年《中土战略伙伴关系发展规划》。别尔德穆哈梅多夫表示土方支持丝绸之路经济带建设，以此带动两国交通基础设施领域合作，双方要积极扩大双边贸易规模，拓展金融、矿产、通信、电力、纺织、制药等领域合作。从中亚各国出台的发展战略和发展规划看，有很多内容与中国出台的丝绸之路经济带规划高度契合，完全可以对接，如基础设施建设、交通通道建设、互联互通、现代农业、资源开发等等。可以说，在丝绸之路经济带框架下，中国与中亚国家合作已经有了一个良好开端。展望未来，中国与中亚各国共同努力建设丝绸之路经济带的前景令人期待。①

（3）中亚地区具有重要的战略地位，是俄罗斯外交的优先方向，是欧盟、日本、印度等能源进口国（地区）积极争取的能源来源地，也是美国丝绸之路计划的重点区域，地缘政治和大国关系复杂。

俄罗斯通过欧亚经济联盟不断强化与中亚国家的关系。2014 年 5 月，俄罗斯总统普京、白俄罗斯总统卢卡申科和哈萨克斯坦总统纳扎尔巴耶夫在哈首都阿斯塔纳签署了《欧亚经济联盟条约》，哈俄关系进一步加强。根据《欧亚经济联盟条约》，欧亚经济联盟于 2015 年 1 月 1 日正式启动，到 2025 年联盟将实现商品、服务、资金和劳动力的自由流动，终极目标是建立类似于欧盟的经济联盟，形成一个拥有 1.7 亿人口的统一市场。吉尔吉斯斯坦于 2014 年 12 月正式加入了欧亚经济联盟。此外，塔吉克斯坦正在积极寻求加入该联盟。在能源合作方面，2016 年 2 月 12 日，欧亚联盟批准了《构建欧亚经济联盟统一天然气市场的设想》，各国将在天然气销售、出口价格、管网设施利用等方面协调立场。根据该设想，在 2018 年前将制定构建统一天然气市场的规划。在此基础上，联盟成员国将另行签署旨在建立统一天然气市场的国际条约，并保证在 2025 年 1 月 1 日前生效适用。此外，在 2015 年 12 月 6 日，欧亚经济委员会执行机构通过了《构建欧亚经济联盟统一原油和成品油市场的设想》的草案，对形成统一的原油和成品油市场同样规定了实施的时间节点。

2015 年 10 月，日本首相安倍晋三访问中亚五国，这是日本首相历史上首次访问土库曼斯坦、塔吉克斯坦、吉尔吉斯斯坦，也是日本首相第一次同时到访中亚五国。日本首相访问中亚的重点是推动能源合作，并呈现两个特点：一是"官民一体"，政府与民间企业联合

---

① 吴宏伟（2015）。

出击；二是以本国的能源技术、设备、资金方面的优势换取能源，力图与能源生产国建立多层次的能源合作关系。在安倍访问土库曼斯坦期间，日本企业与土方签署多项合作协议，总金额达180亿美元左右。其中最引人注目的是日本财团与土库曼斯坦天然气康采恩签署了开发复兴气田三期的协议。复兴气田三期是TAPI（土库曼斯坦—阿富汗—巴基斯坦—印度）天然气管道的气源地。美国也支持TAPI管道的建设，其中既有鼓励中亚国家能源出口多元化、打破俄罗斯垄断地位的地缘政治考量，也有分化中亚国家气源、牵制中国的战略意图。①

2011年7月，美国国务卿希拉里在印度参加第二次美印战略对话期间第一次明确提出"新丝绸之路"计划，以阿富汗为枢纽，将南亚、中亚与西亚连接起来，以实现"能源南下"、"商品北上"。美国推行"新丝绸之路"的目标有三个：第一，保证"后撤军时代"的阿富汗稳定，确保阿富汗拥有自身"造血"功能从而实现经济的可持续发展。第二，加强中亚和南亚国家的经济联系，使整个地区形成一个经济利益共同体，利用经济利益影响地区国家间政治关系的目的。第三，主导地区发展进程，保持并强化美国对该地区的影响，弱化俄罗斯和中国的影响。"新丝绸之路"计划的最终目标是在中国的西部、西南部和南部构筑一条由美国主导的经济与能源通道，限制中国对中亚、南亚和东南亚的影响力，分化上海合作组织的凝聚力，逐渐强化美国在这一地区的主导权②。

2007年欧盟制定并发布《欧盟与中亚：新伙伴战略》，主要目的有两个：一是欧盟希望摆脱对于俄罗斯能源供应的依赖，使中亚成为欧盟新的能源来源；二是由于中亚邻近阿富汗，欧盟希望通过

① 王海燕（2016）。
② 吴兆礼（2012）。

中亚加强对欧盟对阿富汗的影响力,为欧盟在阿富汗的行动提供支持①。出于确保能源安全和提高欧洲影响力的目的,欧盟与中亚外交的重点也在能源领域,欧盟积极发展与中亚国家的能源关系,不断完善欧盟在中亚的能源战略,在石油、天然气、铀矿勘探开发和管道建设等方面取得了成效。随着欧盟中亚能源政策的进一步实施,欧盟在中亚的影响力将会进一步提升②。

(4) 受低油价、俄罗斯经济衰退、卢布贬值等因素影响,中亚国家普遍出现货币贬值、财政收入减少等问题,经济风险加大。

2015 年中亚地区主要资源国货币均出现不同程度的贬值。2015年年初,土库曼斯坦央行宣布本国货币马纳特对美元汇率从 2.85 跌至 3.5,跌幅达 18.6%;2015 年 1 月,乌兹别克斯坦苏姆的官方汇率为 2430 苏姆兑 1 美元,到 2016 年变为 2821 苏姆兑 1 美元,贬值幅度达 16% 以上,而黑市兑换价已高达 5850~6180 苏姆兑 1 美元;近一年多来,塔吉克斯坦和吉尔吉斯斯坦的货币贬值幅度也超过25%。贬值最大的货币是哈萨克斯坦坚戈。2015 年 8 月 20 日,哈萨克斯坦央行启用汇率自由浮动机制,当日美元汇率即从 1 美元兑188.38 坚戈飙升至 1 美元兑 255.26 坚戈,坚戈贬值幅度达 35.5%,2016 年 1 月 1 日,美元兑坚戈汇率更是升至 343.11 坚戈兑 1 美元。中亚各国货币贬值的主要原因是低油价导致主要资源国油气出口收入减少、财政收入降低,且由于中亚国家与俄罗斯相互之间经贸往来密切,卢布贬值导致中亚国家本币贬值的连锁反应。中亚国家的货币贬值导致中国石油企业在该地区的生产经营遭受诸多损失。在国际油价中长期保持低位、中亚国家经济增速放缓的背景下,该地区的经济风险持续上升,货币进一步贬值的可能性仍然存在,这些

---

① 赵会荣 (2013)。
② 张晓慧等 (2014)。

将对中国企业开展能源合作造成较大的负面影响。①

4.3.6 中国与中东欧能源合作面临的形势

（1）中国与中东欧国家合作机制不断完善，经贸合作层次不断提升，能源合作也积累一定基础。

中东欧地区是欧洲东部门户，是连接亚欧大陆的关键节点，也是打通丝绸之路经济带、西进欧洲的重要桥梁。2012 年 4 月，首次中国—中东欧国家领导人会晤在华沙举行，中国与中东欧国家合作"16 + 1 合作"应运而生。作为中欧关系的重要组成部分，中国与中东欧"16 + 1"合作机制促进了中欧全面战略伙伴关系全方位、均衡发展。经过多年发展，中国与中东欧 16 国建立的"16 + 1"合作机制不断完善，相继发表了《中国与中东欧国家领导人会晤新闻公报》、《中国关于促进与中东欧国家友好合作的十二项举措》、《中国—中东欧国家合作布加勒斯特纲要》、《中国—中东欧国家合作贝尔格莱德纲要》等纲领性文件。2014 年 12 月 16 日，中国与中东欧国家领导人发表的《中国—中东欧国家合作贝尔格莱德纲要》主要内容包括：适时启动制订《中国—中东欧国家中期合作规划》；推进互联互通合作；促进经贸投资合作；扩大金融合作；拓展科技、创新、环保、能源领域合作；深化人文交流和地方合作，在能源合作领域，《纲要》重点强调了核电领域的合作，主要内容包括：鼓励中国和中东欧国家遵循透明、负责的原则发展核能项目；认可各国有发展核能的权利，应妥善履行核安全国际义务；对中国同罗马尼亚、捷克签署有关核能合作文件并与匈牙利就核能领域合作达成共识表示欢迎；欢迎罗马尼亚设立有关能源项目对话与合作中心的倡议，鼓励

---

① 王海燕（2016）。

132

中国、中东欧国家及其他国家学术机构、法律机构、企业和政府代表共享经验和信息,促进各方在该领域的进一步发展。

为了推动中国与中东欧经济合作,2014年12月中国发起建立中国—中东欧协同投融资合作框架,主要措施包括:一是鼓励中东欧国家继续用好2012年中国设立的"100亿美元专项贷款",中国将根据项目情况,提高贷款优惠力度,降低融资成本;二是设立30亿美元规模投资基金,启动第二期10亿美元的中国—中东欧投资合作基金;三是鼓励中东欧国家企业及金融机构在中国境内发行人民币债券,探索设立人民币中东欧合作基金。

2015年11月,李克强在出席第四次中国—中东欧国家领导人会晤时提出了"1+6"合作框架,即以构建开放包容、互利共赢的新型伙伴关系为目标,重点推进六项重点工作:落实合作推进路线图;对接发展战略,推进互联互通;打造产能合作新样板;不断创新投融资合作方式;促进贸易投资双增长;扩大人文社会交流。在这次会晤还发布了《中国—中东欧国家合作中期规划》,规划提出,中国与中东欧"16+1合作"将充分把握"一带一路"建设带来的重要契机,不断拓展合作空间,同时为"一带一路"建设作出更多贡献。在规划中,能源合作是中国与中东欧国家合作的重要组成部分,规划提出加强在油气管网等基础设施领域以及水电、风电及其他可再生能源等领域合作,欢迎并支持能源项目对话与合作中心倡议;加强电力装备等装备制造合作,深化石化、化工等领域优质产能合作。规划还提出发挥100亿美元专项贷款的作用,启动中国—中东欧投资合作基金二期,并探讨设立30亿美元投资基金和人民币中东欧合作基金的可能性。

中国与中东欧能源合作目前主要集中在火电、核电和新能源等领域。在火电领域,塞尔维亚科斯托拉茨电站是塞尔维亚近30年来第一个新建电站项目,项目合同于2010年7月22日签署,项目由中国机械设备工程股份有限公司（CMEC）承建，总金额约11亿美元，分两期执行。一期项目（包括原有电站机组大修和脱硫工程）已于2015年完工，二期项目（350MW超临界燃煤发电机组新建及露天煤矿扩容工程）于2016年开工。科斯托拉茨电站工程将使用中国在火电领域的先进技术、装备和标准，同时满足欧盟的环保标准，是中国电力行业在欧洲拓展业务的重要突破。中国能源建设股份有限公司承建了波黑的斯坦纳瑞煤电工程、塞尔维亚的TENTB3燃煤电站工程、黑山的普列夫利亚火力发电厂二期扩建工程等能源项目。其中，斯坦纳瑞火电站是第一个使用中国—中东欧合作机制100亿美元专项贷款额度的项目。

在核电领域，2013年11月25日，中国广核集团与罗马尼亚国家核电公司在《关于建设罗马尼亚切尔纳沃德核电站3、4号机组的合作意向书》上签字。该协议是中国广核集团与法国电力公司就合作投资建设英国核电项目签署战略合作协议后，签署的第二份关于在欧洲国家开发建设核电项目的协议，标志中国核电领域在推进核电"走出去"方面又迈出新步伐。除了在罗马尼亚，中国与匈牙利、捷克等中东欧国家在核电合作方面也取得进展。2015年5月，中国与匈牙利政府签署了核电合作备忘，推进两国和平利用核能方面合作，在核电站安装、运营、维护以及废弃物管理等方面开展合作研发、技术交流和人员培训。2014年10月，国务院总理李克强会见捷克总统泽曼时表示，中国政府鼓励有实力的中方企业积极参与捷克核电设施扩建改造等项目。

在新能源领域，2014年12月，金风科技作为项目EPC供货方，与塞尔维亚合作伙伴签署Plandiste风电项目合作协议。Plandiste风电项目是塞尔维亚计划建设的第一个风电项目，该项目位于塞尔维亚风资源较好的东北部地区，规划总装机容量为100MW。项目投资方为中国—中东欧投资合作基金以及当地合作公司。

（2）以乌克兰危机为标志，俄罗斯与欧美国家关系恶化，乌克兰等中东欧国家成为地缘政治的焦点，是俄罗斯与欧美国家博弈的重点地区。

乌克兰是欧亚大陆连接东西的地缘枢纽，地理位置极其重要，历来是大国角逐地缘利益的必争之地。乌克兰比邻四个欧盟国家，攸关欧盟的地缘政治利益，是欧盟东部伙伴计划的核心成员，部分乌克兰民众也期待加入欧盟。乌克兰同时也是俄罗斯的传统势力范围，俄罗斯外交政策的首要目标就是构建前苏联及中东欧国家的共同政治和经济空间，与乌克兰建立密切关系是俄罗斯外交目标的核心之一①。历届乌克兰政府均在俄欧两大地缘巨头之间摇摆，维持利益的平衡。2013 年 11 月，亲俄罗斯的乌克兰总统亚努科维奇决定终止与欧盟正在进行的缔结联系国协议以及自贸区准备工作，并加强与俄罗斯及其他独联体国家的经济贸易合作，引发了乌克兰国内亲欧政治势力和部分民众的抗议，街头革命的最终导致了 2014 年 2 月亚努科维奇下台，之后亲欧的波罗申科上台，乌克兰更加贴近欧盟而远离俄罗斯。

乌拉克亲欧盟总统的上台引发了国内亲俄罗斯实力的反制，并导致了乌克兰的分裂和内战。2014 年 3 月，乌克兰境内以俄罗斯族人为主的克里米亚地区宣布脱离乌克兰并加入俄罗斯；2014 年 4 月，乌克兰东部毗邻俄罗斯的顿涅斯克州和卢甘斯克州宣布独立，乌克兰政府军与地方反政府武装陷入混战。欧盟和美国指责俄罗斯支持乌克兰东部武装以及国内反政府势力，导致乌克兰分裂和内战，对俄罗斯进行了一系列制裁，因乌克兰危机俄罗斯与欧美国家关系急

---

① 孔田平等（2015）。

剧恶化。乌克兰危机已经从国内危机演化成冷战结束后欧洲最严重的地缘政治危机，俄罗斯与欧美之间围绕乌克兰危机的博弈仍在继续，这场危机对欧亚大陆地缘政治产生了重大影响。

乌克兰危机强化了欧洲对美国的战略依赖和安全依赖，欧美关系得到巩固。奥巴马政府在战略中心转向亚太后不得不重返欧洲，应对乌克兰挑战。乌克兰危机爆发后，中东欧国家的安全焦虑增加，特别是波兰、波罗的海三国和罗马尼亚对俄罗斯的威胁感受强烈。在这样的形势下，美国多次重申欧美伙伴关系和共同价值观的重要性，并将根据北大西亚公约履行对波罗的海三国以及其他盟国的集体防卫承诺。乌克兰危机对俄欧能源关系也产生了深远影响，欧盟更深刻地意识到对俄罗斯能源过度依赖导致的风险，因而加快了能源节约力度以及统一能源市场和能源基础设施建设的进程，进一步推进能源进口多元化，降低对俄罗斯能源的依赖。

（3）中东欧是俄罗斯向欧洲出口油气资源的主要渠道，围绕油气管道过境等问题俄欧矛盾尖锐，中东欧国家面临一系列纷争。

俄欧在南流天然气管道上的纷争，反映了欧盟摆脱对俄罗斯天然气依赖的强烈愿望，也体现了欧盟内部的在能源问题上的不同立场。南流天然气管道计划经过保加利亚、塞尔维亚、匈牙利、克罗地亚、斯洛文尼亚等中东欧国家，南流管道建设过程中能够增加沿线中东欧国家的投资和就业，建成后沿线国家能够得到过境收入，并且国内天然气供应更为充足，因而积极支持和推动南流管道建设。以保加利亚为例，南流管道在保加利亚境内长度为540千米，投资额35亿欧元，是该国年度财政预算的1/4，可以提供2500个新的就业岗位，管道投产后近25年的运营期内可实现分红28亿欧元，并且，俄罗斯承诺向保加利亚提供优惠天然气价格。因而，时任保加利亚总理奥雷沙尔斯基认为南流管道项目能够提升保加利亚工业的竞争力。沿线其他中东欧国家也支持南流管道建设。2014 年 6 月，塞尔维亚外交部长达契奇表示实施南流管道项目不存在法律障碍，俄罗斯与塞尔维亚双方就修建管道达成的共识没有改变。7 月，在欧盟讨论进一步加强对俄制裁的会议上，匈牙利总理欧尔班表示南流管道项目符合国家利益，匈牙利不会拒绝实施该项目。7 月 8 日，斯洛伐克外交部长埃里亚韦茨呼吁欧盟不要将南流项目政治化①。

2014 年 12 月，俄罗斯总统普京表示，由于欧盟的反对，俄罗斯将停止建设南流管道，并通过土耳其向欧洲输送天然气。俄罗斯联邦委员会经济政策委员会副主席沙季罗夫表示，俄罗斯决定停建南流天然气管道项目不会给俄罗斯带来损失，却会给欧洲带来非常严重的影响，欧盟从政治而非经济角度出发，阻碍实施南流输气管道项目。俄罗斯今后将重点落实前景看好的其他输气管道项目。俄罗斯宣布放弃南流管道项目后，原本支持该项目的国家纷纷表示失望和遗憾。塞尔维亚总理武契奇表示，塞尔维亚等国家为大国之间的争斗付出了代价。保加利亚政府发表声明，对俄罗斯将停建南流输气管道项目感到震惊和担忧，认为保加利亚沦为西方国家与俄罗斯角力的"牺牲品"。保加利亚能源部长佩特科娃说，南流输气管道项目对保加利亚的能源供应多样化和振兴经济非常重要，停建南流输气管道项目是保加利亚的巨大损失②。

---

① 王海燕等（2015）。
② 张旌完（2014）；吴刚等（2014）；王海燕等（2015）。

表4-8 南流管道沿线国家的合资公司①

途经国家	管道合资公司	股权比例
保加利亚	南流保加利亚公司	俄气50%，保加利亚能源集团 EAD50%
塞尔维亚	南流塞尔维亚公司	俄气51%，塞尔维亚天然气公司49%
匈牙利	南流匈牙利公司	俄气50%，匈牙利能源电力公司 MVM50%
斯洛文尼亚	南流斯洛文尼亚公司	俄气50%，斯洛文尼亚天然气公司 Plino-vodi50%
奥地利	南流奥地利公司	俄气50%，奥地利石油天然气集团 OMV50%
希腊	南流希腊公司	俄气50%，希腊天然气管网公司 DES-FA50%

俄欧在北流天然气管道上的纷争，反映了中东欧国家对俄罗斯能源以及俄罗斯经济的强烈依赖，以及中东欧国家与西欧国家在能源、经济、环保等方面的不同立场。2007年，俄罗斯天然气工业股份公司（Gazprom）和芬兰耐斯特能源公司（Neste）就提出了穿越波罗的海从俄罗斯向欧洲输送天然气的想法。2011年5月，北流天然气管道开始施工，1号线于2011年11月投入运营；2号线于2012年10月投入运营。北流天然气管道穿过波罗的海海底，绕过乌克兰、白俄罗斯、爱沙尼亚、拉脱维亚、立陶宛和波兰等中东欧国家，连接俄罗斯和德国沿海城市，全长1224千米，是目前世界上最长的近海天然气管道。北流天然气管道预计在未来50年将每年从俄罗斯向德国、丹麦、英国、荷兰、比利时、法国和捷克等欧盟国家输送560亿立方米的天然气，能够满足欧盟约25%的天然气需求②。

---

① 王海燕等（2015）。
② 高淑琴等（2013）。

在北流天然气管道修建之前和修建过程中，俄罗斯、德国等西欧国家以及爱沙尼亚等中东欧国家展开了激烈博弈。中东欧国家反对修建穿越波罗的海的北流天然气管道，希望修建过境中东欧国家的陆上天然气管道。中东欧国家天然气严重依赖俄罗斯进口，俄罗斯向欧洲输送天然气的管道经过中东欧能够提升中东欧国家的能源安全保障水平。中东欧国家还能够收取天然气过境费，增加财政收入。例如，作为中转国，能源过境收入占拉脱维亚财政收入的25%，占立陶宛和爱沙尼亚财政收入的20%。此外，中东欧参与俄罗斯与欧盟的能源贸易能够对俄欧关系施加影响力，从而获取政治利益。为此，中东欧国家采取各种措施阻挠北流天然气管道的修建。

2008年4月，爱沙尼亚向欧洲议会提交了关于北流天然气管道穿越波罗的海威胁海洋生态安全的报告。2008年上半年，以爱沙尼亚、拉脱维亚、立陶宛、波兰、瑞典和芬兰为首的国家形成了反对俄罗斯北流天然气管道的联盟。该反对联盟要求，管道要偏向南部修建，修成陆路管道，禁止穿越波罗的海。爱沙尼亚是最坚决反对修建北流天然气管道的国家，认为天然气管道的修建妨碍了船舶航运，给爱沙尼亚的经济造成了严重的威胁。爱沙尼亚军方还强调北流管道将威胁该国的安全，因为管道监测系统可能会监视沿途国家海域状况。

德国作为北流天然气管道的主要目的国，支持天然气管道修建但又不愿意公开反对波罗的海沿线国家立场，因而采取了模糊的态度。在2008年6月召开的波罗的海国家政府首脑会议上，德国和波罗的海国家就北流天然气管道发表共同声明，共同声明没有反对北流天然气管道修建，但要求俄罗斯实施该项目应得到波罗的海沿岸国家的一致同意，并邀请独立的分析专家论证天然气管道对周围环境的影响。经过艰难的谈判，俄罗斯在其他问题上向波罗的海国家做出让步，另外加强了管道沿线生态环境保护方面措施，在获得大部分波罗的海国家谅解后北流天然气管道开始修建。

5. 中国与"一带一路"沿线国家能源合作重点领域及举措

5.1 电力行业产能合作

5.1.1 电力行业产能合作成就

"一带一路"沿线国家是中国电力企业在海外的重要目标市场和传统优势市场，很多中国电力企业首个海外项目、首个海外机构都位于"一带一路"沿线国家。目前国务院国资委直属的五大发电企业、两大电网企业、两大电力工程企业以及主要电工装备企业在"一带一路"沿线国家开展电力资产投资、电力工程建设和电工装备出口业务，一批地方国有电力企业和民营企业也在积极开拓"一带一路"沿线国家电力市场。

以五大国有发电企业为代表的发电企业在"一带一路"沿线国家主要从事发电资产投资业务，并从事投资相关的少量电力工程项目。国电投集团在"一带一路"沿线国家投资了缅甸水电、土耳其煤电、巴基斯坦煤电和光伏、印度尼西亚水电等项目；华电集团在"一带一路"沿线国家投资了印尼煤电、柬埔寨水电和俄罗斯燃气电站等项目；华能集团投资了缅甸水电项目，并购了新加坡发电企业资产；大唐集团投资了缅甸和柬埔寨水电以及柬埔寨输变电项目；国电集团投资了柬埔寨和缅甸的水电项目。两大电网企业在"一带一路"沿线国家主要从事输配电资产投资以及相关发电资产投资业务，也从事投资相关的少量工程和装备输出业务。国家电网公司并购菲律宾电网公司资产，投资巴基斯坦、印尼等国家输电项目；南方电网公司投资越南煤电和老挝水电项目。以中国能建和中国电建为代表的电力工程企业在"一带一路"沿线国家主要从事火电、水电、新能源等领域的工程承包业务，并逐步向投融资、设计、咨询等领域延伸。中国能建和中国电建在"一带一路"沿线国家的电力工程项目均超过 500 个，占海外项目的比例约在 60%左右。东方电气、西电集团、特变电工、南瑞集团等电工装备企业在"一带一路"沿线国家主要从事装备出口、工程承包业务以及相关投资业务。

中国电力企业在"一带一路"沿线国家产能合作质量不断提升，主要体现在：第一，竞争优势明显。中国电力企业具有成本低、资金实力雄厚等优势，装备和工程服务具有较强竞争力。第二，影响力大。一批有影响力的大项目提升了中国电力企业在当地的影响力，如印度境内的世界目前最大的燃煤电站、巴基斯坦最大水电站、缅甸最大水电站、斯里兰卡最大的燃煤电站、伊拉克最大的燃油电站、印度尼西亚最大的水电项目、马来西亚最大水电项目等标志性项目均由中国企业承担。第三，带动力强。由于中国电力行业全产业链均具有较强竞争优势，中国电力企业通常能够提供设计、施工、投融资、装备等一揽子服务,电力项目能够充分带动电工装备、工程服务、金融等业务走出去。第四,从低端输出向高端输出延伸。中国电力企业从走出去之初单纯的输出劳务,到现在输出先进电力技术、标准和高端装备,产能合作的层次不断提升。

5.1.2 电力行业产能合作前景

"一带一路"沿线国家电力行业发展相对落后,未来发展潜力巨大。根据 IEA 的预测,未来 25 年,"一带一路"沿线国家电力行业投资规模约 6.2 万亿美元,占世界电力行业投资规模的 30%。再考虑到中国电力行业投资规模,"一带一路"沿线国家与中国电力行业投资规模合计占世界电力行业投资规模的 50%。"一带一路"沿线国家电力行业平均每年投资 2500 亿美元,其中约 58% 为发电领域投资,42% 为输配电领域投资。中国电力行业经过了 30 多年的迅速扩张,在电力行业各环节积聚了大量优质产能和发展经验,中国电力企业与"一带一路"沿线国家开展电力行业产能合作前景广阔。

表 5 - 1　2014 - 2040 年世界电力行业投资规模预计（亿美元）

地区	2014 - 2025 年		2026 - 2040 年		总计
	发电	输配电	发电	输配电	
"一带一路"沿线	12770	9750	23150	16310	61970
中国	11480	9820	10960	10340	42600
发达国家	21190	12820	28270	14040	76320
非洲	2450	2820	5310	5660	16240
拉丁美洲	2560	2400	3370	2900	11230
总计	50440	37610	71060	49250	208360

数据来源：IEA（2014）。

5.1.3　电力行业产能合作领域及措施

（1）电力资产投资

拓展资金渠道。第一，充分利用国内多家银行加大"一带一路"沿线金融支持的有利时机，选择适合的银行和融资产品。目前政策性银行和商业银行、股份制银行等纷纷主动融入国家"一带一路"建设，加速推进"一带一路"建设布局，在沿线国家增设分支机构，提供多种融资产品。中国企业可充分利用国内商业银行在流动资金贷款上的优势，确保资金链安全，同时拓宽融资品种，充分研究各银行特色业务加以利用，解决国际业务融资的个性化需求。第二，充分利用中国出口信用保险公司的海外投融资保险产品。根据境外投资项目所涉及的政治风险种类及风险程度，针对性地投保汇兑限制、征收、战争及政治暴乱、违约、经营中断等海外投资保险，以规避相应的政治风险，同时减轻项目融资银行对投资主体的担保涉入程度。第三，与丝路基金、亚洲基础设施投资银行、金砖国家开发银行、上合组织开发银行等新涌现的金融机构加强合作。

中国能源企业在"一带一路"沿线国家投资主要面临政治风险、安全风险、汇率风险和监管风险，需要针对不同类型风险的特点，加强投资风险防范。

政治风险防范措施。一是提前做好沿线国别风险评估，建立风险预警防范机制。选择低风险的目标市场，加强政治风险评估。通过中信保、经济学家智库等机构定期发布的风险评级报告及时掌握目标市场政治风险情况，尽量避免进入政治风险高发地区。二是与当地企业合资经营降低政治风险。当地合作伙伴信息更为全面，可以更好地评估政治风险，还可能对政府政策制定施加影响。东道国一般不会对本国投资者或者与本国政府有密切政治、经济、军事关系的投资者进行征收或者国有化。此外，与当地媒体和公关公司加强合作，充分宣传合理诉求。三是利用政府外交影响力化解政治风险。善于利用中国政府资源，外交部、商务部等机构均有相应的工作机制协助企业处理境外政治风险，中国电力企业在境外经营过程中遇到政治风险可以依靠政府协调获得帮助。四是积极履行海外社会责任，营造良好政治氛围。通过践行社会责任、加强与利益相关方沟通，保持良好的企业形象，让当地民众感受到外国投资带来的好处，有利于降低政治风险。强化海外社会责任管理，塑造负责任的跨国企业形象。制定企业在海外促进就业、保护环境、绿色发展、公益事业、安全生产等方面的行动计划，将社会责任管理融入到海外项目日常经营管理全过程。积极宣传海外履行社会责任的理念和行动，适时发布国别社会责任报告，向当地民众阐述企业履行社会责任的具体措施。

安全风险防范措施。一是关注国家在"一带一路"国别风险与安保体系建设方面的相关进展，并进行安全风险评估。组织专业机构对高风险国家进行安全风险评估，通过多种渠道收集安全信息，提前开展安全形势研判，借助国家安保体系积极寻求政府层面的保护。二是针对关键节点建立安全事故应急预案和隐患排查制度，定期进行安全检查，完善相关档案和工作流程。针对工程建设等风险高发环节、自然灾害频发季节以及治安环境不佳的地区，制定安全风险应急预案并定期演习，提升风险防范和应急处置能力。三是增加员工的安全意识，完善安全生产管理体系，完善海外公司安全管理体系和制度，培育安全生产意识和文化。

汇率风险防范措施。一是利用合同条款规避利率风险。选择有利的结算币种，选择相对稳定的货币作为计价货币；争取约定汇率风险保值条款，当汇率变动使结算货币贬值时调高应收款，双方共同承担汇率风险。二是合理利用金融工具控制汇率风险。通过远期结售汇、远期外汇买卖、掉期交易、汇率损失准备等金融工具，降低交易费用，防范汇率风险。三是合理安排工程进度规避汇率风险。制定有效的财务计划，合理安排收付款，降低潜在汇率风险。四是利用应收账款买断规避汇率风险。应收账款买断是企业通过远期收款进行转让，实现即期收款，有效控制汇率损失。

监管风险防范措施。一是加强各国监管政策研究和应对预案制定。深入研究各国电力行业监管制度以及不同电力行业监管制度下投资回收方式，明确国内外监管制度差异。制定不同电力监管制度下资产运营操作手册，加强对海外员工尤其是国内派驻海外的员工监管风险防范培训。二是加强与相关国家监管机构沟通交流，避免交易审批陷入被动。并购交易前主动咨询监管机构，积极澄清监管机构对中国企业存在的误解。制定交易计划时充分考虑审批时间和审批障碍，根据监管要求制定合理交易策略。三是准确评估企业投资业务对利益相关方的影响，重视利益集团在监管政策制定中的作用。熟悉游说公司运作方式和政治捐献制度，提防利益集团采取的阻挠措施。与媒体和公关公司加强合作，充分宣传企业合理诉求。

（2）电力工程承包

延伸电力工程承包业务链，从单纯 EPC 业务向提供规划、融资、EPC、运营、技术和管理咨询服务等在内的产业链"一条龙"服务转变，提高全产业链开发运作能力。电力规划属于电力产业链高端和上游环节，在沿线国家开展工业化建设的前期先行介入其电源电网规划设计，有利于抓住电力产业链制高点，后期带动电力工程承包、电工装备出口等业务"走出去"。电力能源领域建设普遍具有投资大、回收周期长的特点，"一带一路"沿线多数国家电力投资建设需求旺盛，但苦于资金财力有限，能源电力的投资进度已无法满足国民经济日益增长的能源消费需求，技术水平和管理水平亦有限。因此各国的电力企业更欢迎有实力的总承包企业通过入股新项目的方式，开展总承包建设，分享投资收益和分担风险，提供技术和人员支持。一些国外项目的主管部门向总承包企业提供特许经营权。新的发展趋势要求总承包商具备很高的投资运作能力和项目运营能力。我国商务部也积极鼓励中国总承包企业参与总包＋运营的项目，逐步减少单纯的 EPC 项目实施。在此背景下，中国企业可充分利用雄厚的资金实力，良好的国际资信水平，在特高压、智能电网、新能源发电并网等方面的先进技术，丰富的运营管理经验，实现从 EPC 模式向 BOT、BOOT、BLOT、BOO 等多种形式的 PPP 模式转变，为业主提供融资、设计、采购、建设、运营管理、咨询等一整套的综合服务，提高资金运作和商务运作、工程实施和运营管理等全过程的服务能力。

通过并购、加大与目标国市场沟通交流等方式，跨越电力设计和工程业绩资质认证的短板，加大在项目所在国的电力技术标准输出力度。通过并购国际知名的工程设计和施工企业等方式，快速获取特定市场的电力工程设计和施工资质，弥补设计、资质业绩等方面的短板，提升电力工程承包业务的国际竞争力。抓住与俄罗斯加强电力战略合作的契机，进一步推动在俄罗斯及其影响力较大的独联体国家获取工程建设资质业绩和标准认证。"一带一路"多数沿线国家电网设施建设滞后，技术标准体系不健全。中国企业在这些国家如巴基斯坦开展输电项目的同时，可设法输出中国的电力技术标准，为今后在当地继续承揽工程建设项目、输出电力设备打下基础。

（3）电力装备出口

积极提升发电和智能电网技术装备产品的国际化水平。加快传统能源发电、新能源发电、特高压、智能电网等高端设备的国际对标,提升产品性能和科技含量,着力打造一批产品性能具备国际先进水平、符合海外市场技术规范要求、具备权威国际认证、外文技术资料完备的成熟国际化产品系列,全面增强产品进军国际市场的软硬实力。加强优势产品的国际市场拓展,加强品牌宣传、产品宣传和市场拓展,积极参加 IEEE 输配电展览等重要国际展会,在国际市场打造知名装备产品名片。

从设备供货向提供增值服务延伸,如从单机供货、设备成套,逐步向提供 EPC、升级改造、融资支持等涵盖全寿命周期的服务环节拓展,与客户建立长期稳定的合作关系。建设区域性产品展销中心和售后服务中心,为客户提供设备升级改造咨询解决方案,及运行维护、检修、保养技改等增值服务,培训客户,提升售后服务水平,减少业主对售后服务品质的担忧,为市场开发提供可靠的服务保障。

加快海外投资建厂、企业并购,增强海外研发和生产能力。加快在沿线国家建立电工装备生产基地。在外资建厂政策宽松的沿线国家建立装备制造基地,事先对沿线国家做好建厂调研工作,了解当地关于外资建厂相关政策、工业用地市场情况,向地方政府部门了解土地价格、土地交易流程和招商政策等。密切跟踪国际能源产业变革趋势,围绕获取国际工程总包资质、掌握核心高端设备制造及关键技术、快速构建营销服务体系、引进高端人才和管理经验为基本出发点,加快海外优质企业并购。

充分发挥海外投资、海外工程承包、海外咨询业务对装备输出的带动作用。抢抓国家"一带一路"、国际产能合作战略背景下在装备输出、出口信用保险等领域的优惠措施,紧密依托国家战略拓展海外业务。充分发挥 BOT、BOOT、PPP、EPC 等业务拓展模式对装备输出的带动作用,创新装备输出合作模式。探索采用总代理制商业模式、联销体商业模式进行单机、成套设备出口,对于政治经济社会环境不稳定、法律制度不健全的地区，可在当地选择经销商作为总代理，或与当地有实力的经销商共同出资，成立联销体机构，规避市场风险。

建立完善的国际营销服务体系，形成辐射全球的市场营销和服务网络。建立高效的海外市场营销服务机制。加大对成熟市场的开拓力度，在拥有较稳定的客户资源和市场渠道的国家，设立海外子公司或办事处，进一步提升市场份额。提前规划潜力市场，在政治经济环境较好，人口总量、经济或资源储备具备一定规模，市场容量较大的国家及地区设立办事处或营销点，提前开展市场培育工作。

5.2　核电合作

5.2.1　我国核电走出去优势与成效

（1）主要优势

第一，经过30余年的发展我国核电产业链条日趋完备，产业体系不断完善。我国是过去三十年期间全球唯一一个持续进行大型核电站工程建设的主要大国，同期美、法、日、德、俄等传统核电强国均未再度开展大规模核电建设。我国目前不仅是世界上为数不多具备较为完整的核能工业体系和核燃料循环体系的国家之一，也是当今全球极少数具备完整的核电项目工程总承包与运营总承包能力的国家之一。截止2015年底，我国投入商业运行的核电机组共28台，额定装机容量达到2643万千瓦，约占全国电力总装机容量的1.75%。截止2015年底，全球在建核电机组共67台，其中我国24台，我国在建机组数占到全球总数的35.8%，在建规模继续居全球首位。

表5-2　中国在役核电站列表（截止2016年3月）

核电厂名	机组	堆型/型号	技术来源	商业运行日期
秦山		压水堆/CNP300	自主设计/中核集团	19940401
大亚湾	1#	压水堆/M310	法国/Areva	19940201
	2#	压水堆/M310	法国/Areva	19940506
秦山二期	1#	压水堆/CNP600	自主设计/中核集团	20020415
	2#	压水堆/CNP600	自主设计/中核集团	20040508
	3#	压水堆/CNP600	自主设计/中核集团	201005
	4#	压水堆/CNP600	自主设计/中核集团	20111230
岭澳	1#	压水堆/M310	法国/Areva	200205028
	2#	压水堆/M310	法国/Areva	20030108
	3#	压水堆/CPR1000	改进设计/中国广核	20100920
	4#	压水堆/CPR1000	改进设计/中国广核	20110807
秦山三期	1#	重水堆（PHWR）	加拿大/AECL	20121231
	2#	重水堆（PHWR）	加拿大/AECL	20030724
田湾	1#	压水堆/AES91	俄罗斯	20070517
	2#	压水堆/AES91	俄罗斯	20070816
宁德	1#	压水堆/CPR1000	自主设计/中国广核	20130415
	2#	压水堆/CPR1000	自主设计/中国广核	20140504
	3#	压水堆/CPR1000	自主设计/中国广核	20150610
红沿河	1#	压水堆/CPR1000	自主设计/中国广核	20130606
	2#	压水堆/CPR1000	自主设计/中国广核	20140513
	3#	压水堆/CPR1000	自主设计/中国广核	20150816
阳江	1#	压水堆/CPR1000	自主设计/中国广核	20140325
	2#	压水堆/CPR1000	自主设计/中国广核	20150605
	3#	压水堆/CPR1000	自主设计/中国广核	20160101

核电厂名	机组	堆型/型号	技术来源	商业运行日期
福清	1#	压水堆/M310	自主设计/中核集团	20141122
	2#	压水堆/M310	自主设计/中核集团	20151016
方家山	1#	压水堆/M310	自主设计/中核集团	20141104
	2#	压水堆/M310	自主设计/中核集团	20150212
昌江	1#	压水堆/CNP600	自主设计/中核集团	20151225
防城港	1#	压水堆/CPR1000	自主设计/中国广核	20160101
总计		30 台		

数据来源：根据中国核电信息网、国际原子能机构网站数据整理。

表5-3　中国在建核电站列表（截止2016年3月）

核电厂名	机组	堆型/型号	技术来源	进展
红沿河	4#	压水堆/CPR1000	自主设计/中国广核	系统调试
	5#	压水堆/ACPR1000	自主设计/中国广核	土建与安装
	6#	压水堆/ACPR1000	自主设计/中国广核	土建与安装
宁德	4#	压水堆/CPR1000	自主设计/中国广核	系统调试
福清	3#	压水堆/M310	自主设计/中核集团	土建与安装
	4#	压水堆/M310	自主设计/中核集团	土建与安装
	5#	压水堆/华龙一号	自主设计/中核集团	土建与安装
	6#	压水堆/华龙一号	自主设计/中核集团	土建与安装
阳江	4#	压水堆/CPR1000	自主设计/中国广核	土建与安装
	5#	压水堆/CPR1000	自主设计/中国广核	FCD 前评估
	6#	压水堆/CPR1000	自主设计/中国广核	FCD 前评估
三门	1#	压水堆/AP1000	美国西屋公司	安装调试
	2#	压水堆/AP1000	美国西屋公司	土建与安装

续表

核电厂名	机组	堆型/型号	技术来源	进展
田湾二期	3#	压水堆/AES91	俄罗斯	土建与安装
	4#	压水堆/AES91	俄罗斯	土建与安装
	5#	压水堆/M310＋	自主设计/中核集团	土建与安装
	6#	压水堆/M310＋	自主设计/中核集团	土建与安装
海阳	1#	压水堆/AP1000	美国西屋公司	安装调试
	2#	压水堆/AP1000	美国西屋公司	安装调试
台山	1#	压水堆/EPR	法国/Areva	系统调节
	2#	压水堆/EPR	法国/Areva	土建与安装
昌江	2#	压水堆/CNP600	自主设计/中核集团	土建与安装
防城港	2#	压水堆/CPR1000	自主设计/中国广核	土建与安装
	3#	压水堆/华龙一号	自主设计/中国广核	土建与安装
	4#	压水堆/华龙一号	自主设计/中国广核	土建与安装
石岛湾	1#	高温气冷堆 HTR－PM	自主设计/华能集团	土建与安装
总计		26 台		

数据来源：根据中国核电信息网、国际原子能机构网站数据整理。

第二，我国核电装备制造企业能力持续提升，核电装备供应能力强且具备价格竞争优势。以中国一重、中国二重、上海电气集团、东方电气集团、哈尔滨电气集团等为代表的我国重型装备制造业，以核电项目为依托，通过技术引进、消化吸收和自主创新，以主设备和大型锻铸件为重点，走出了一条向高端制造业转变的发展道路，产能和硬件水平进入国际先进行列，实现了核电设备国产化的重大技术突破和制造能力的跨越式发展。

第三，我国核电建设与运营管理水平处于世界领先地位，安全记录良好，迄今为止未发生任何重大事故。以在运和在建规模均居国内首位的中国广核集团为例，2014 年，中国广核集团下属成熟核电机组（投产运营超过 3 年）57% 的世界核运营者协会指标进入全球前十分之一的优秀水平，新投产机组（投产运营尚不满三年）的核电机组有 53% 的同类指标进入全球前四分之一的先进水平。

第四，我国核电企业融资能力强，资金优势明显。核电站投资大、时间长，在国际投标中往往需要中标国家同时提供良好的信贷支持环境。与目前世界主要经济体相比，我国外汇储备丰裕，有充分能力为我国核电企业"走出去"提供足额信贷。

第五，初步形成了自主知识产权的三代核电技术。国家电投集团开发的 CAP1400 型压水堆核电机组是在消化、吸收、全面掌握我国引进的第三代先进核电 AP1000 非能动技术的基础上，通过再创新开发出具有我国自主知识产权、功率更大的非能动大型先进压水堆核电机组。中核集团和中广核集团研发的"华龙一号"具有完整自主知识产权，共获得 743 件专利和 104 项软件著作权，覆盖了设计技术、专用设计软件、燃料技术、运行维护技术等领域。

（2）主要成绩

中国核电企业走出去已经有数十年历史，但是长期以来由于核心技术掌握在欧美和俄罗斯等国家企业中，中国核电企业走出去主要以核电装备、核电工程和资金输出为主。

随着中国华龙一号、CAP1400 等中国自主开发的第三代核电技术的成熟，2015 年中国核电首次实现技术输出。2015 年 8 月 20 日，巴基斯坦卡拉奇核电项目二号机组开始第一罐混凝土浇筑。卡拉奇 2 号核电机组是继福建福清 5 号机组之后全球第二个开建的华龙一号核电项目，由中核集团投资建设，意味着华龙一号首次走出国门，正式落地巴基斯坦，海内外将同步推进华龙一号示范堆的建设。

除了巴基斯坦，中国核电企业在罗马尼亚、保加利亚等"一带一路"沿线国家也取得进展。2014 年 10 月 14 日，罗马尼亚政府宣布，中广核成为罗马尼亚 Cernavoda 核电站 3、4 号机组项目的最终投资者。罗核项目属内陆核电项目，项目规划建设 5 台核电机组，其中 1、2 号机组已建成在运。3、4 号机组是罗马尼亚政府重点推进的项目，已于 2010 年 12 月 5 日获得欧盟委员会的认可，计划于 2019 和 2020 年建成发电。2015 年 12 月，保加利亚邀请国电家投集团参与投资建设当地核电站，目前合作细节还在研究谈判过程中。

中国核电企业在发达国家也取得重要突破。2015 年 10 月 21 日，中国广核集团和法国电力集团宣布，就共同修建和运营英国萨默塞特郡的欣克利角 C 核电站达成战略投资协议，双方将共同出资在欣克利角 C 核电站建设两台欧洲压水式核电机组。同时中国广核集团和法国电力集团也公布了未来进一步扩大核电合作的计划。未来双方将合作在萨福克郡的赛兹韦尔和埃塞克斯郡的布拉德韦尔建设核电站，其中布拉德韦尔 B 项目将以中广核广西防城港核电站 3、4 号机组为参考电站，使用华龙一号技术。

5.2.2 沿线核电市场前景

核电是科技含量高、研发周期长、投资规模大、产业带动力强的重要战略性产业，是低碳技术领域最尖端、最具垄断性的高科技产业，在世界范围内只有俄罗斯、美国、法国、日本、韩国、中国等少数国家能够参与国际核电产业竞争。尽管受到日本福岛核电站事故以及德国弃核等因素的影响，核电在过去几年内发展一度停滞，但核电作为目前最为稳定、最为廉价、能够大规模获取、不需要政府补贴的清洁能源，在低碳经济和应对气候变化背景下，具有广阔发展前景，未来十五年全球核电将迎来新一轮发展高潮。截止 2015 年 5 月，全球在运核电机组共 438 台，总装机容量 3.79 亿千瓦。

预计到 2030 年，中国之外的世界核电市场将新建 131 台机组，共计新增装机 1.4 亿千瓦,新增投资预计达到 1.5 万亿美元。"一带一路"沿线是核电的主要市场,预计到 2030 年"一带一路"沿线国家将新建 107 台核电机组,共计新增核电装机 1.15 亿千瓦,新增装机占世界的 81.4%。在"一带一路"沿线地区中,中东欧和中东国家是核电发展的主要市场,计划建设核电站的国家较多,建设规模较大。

表 5 - 4　世界核电市场前景

地区		国家	2025 年前新投运核电项目		2026 - 2030 年新投运核电项目	
			堆数	装机容量(万千瓦)	堆数	装机容量(万千瓦)
"一带一路"沿线	东南亚	越南	4	400	6	670
		泰国	0	0	5	500
		马来西亚	0	0	2	200
		印度尼西亚	1	30	4	400
	南亚	巴基斯坦	0	0	2	200
		孟加拉国	2	200	0	0
	中东	伊朗	1	100	1	30
		沙特阿拉伯	0	0	16	1800
		阿联酋	2	280	10	1440
		约旦	1	100	0	0
		以色列	0	0	1	120
		埃及	1	100	1	100
		土耳其	4	480	4	450
		亚美尼亚	1	106	0	0
	中亚	哈萨克斯坦	2	60	2	60
	中东欧	立陶宛	1	135	0	0
		波兰	6	600	0	0
		乌克兰	2	190	11	1200
		捷克	2	240	1	120

续表

地区	国家	2025 年前新投运核电项目		2026-2030 年新投运核电项目	
		堆数	装机容量（万千瓦）	堆数	装机容量（万千瓦）
中东欧	斯洛伐克	0	0	1	120
	罗马尼亚	2	131	1	65.5
	匈牙利	2	240	0	0
	斯洛文尼亚	0	0	1	100
	保加利亚	1	95	0	0
	白俄罗斯	0	0	2	240
"一带一路"沿线合计		35	3487	73	8055.5
其他地区	东亚 朝鲜	0	0	1	95
	西欧 芬兰	0	0	2	270
	荷兰	0	0	1	100
	非洲 南非	0	0	6	960
	北美洲 墨西哥	0	0	2	200
	南美洲 巴西	0	0	4	400
	阿根廷	1	33	2	140
	智利	0	0	4	440
其他地区合计		1	33	22	2605
总计		36	3520	95	10660.5

数据来源：根据《能源评论》编辑部（2015）、国际原子能机构网站数据整理。

围绕巨大的国际核电市场，主要核电强国展开了激烈竞争。从目前竞争格局来看，俄罗斯核电产业竞争力最强，海外项目最多，目前在海外 17 个国家建设（或者计划建设）核电项目，主要集中在亚洲和中东欧；日本、美国和法国等传统核电强国也具有强的竞争优势，其中日本的海外核电项目主要分布在土耳其、英国和越南，美国海外核电项目主要分布在中国、捷克、保加利亚和印度，法国海外核电项目主要分布在中国、芬兰、印度和英国；韩国作为新兴核电强国，在海外市场扩张速度较快，在阿联酋和越南核电市场取得突破。

表 5 – 5 各国核电输出情况表

出口国	项目国	项目名称	堆型	规模	进展
俄罗斯	土耳其	阿库优	AES – 2006	4×1200MW	2013 年签订合同,俄罗斯控股 75%、土耳其 25%。已开始厂址准备工作,计划 2020 年后相继建成。
	伊朗	布什尔	VVER – 1000	1×1000MW	已并网,双方正就在布什尔新建 2 台新机组进行洽谈,目前已初步达成共识,准备签署协议。
	中国	田湾 3、4 号	AES – 91	2×1120MW	已开工
	越南	宁顺 1 期 1、2 号	AES – 91	2×1060MW	2013 年 2 月签订贷款协议(10 亿美元),俄计划提供贷款总计 80～90 亿美元。首台计划 2017 年开工。
	孟加拉国	Rooppur	AES – 92	2×1000MW	俄罗斯提供燃料并负责取回乏燃料;2013 年 1 月签署贷款协议,首期 5 亿美元用于选址,项目开发、人才培训,另外再贷款 15 亿美元,预计 2015 年开工。
	白俄罗斯	奥斯特洛维茨	AES – 2006	2×1200MW	2011 年 10 月签订 100 亿美元的贷款协议,2012 年 7 月签署建设合同;2013 年 11 月 6 日,1 号机组正式开工;2014 年 6 月 3 日,2 号机组开工。
	印度	库坦库拉姆 3、4 号	AES – 92	2×1050MW	2007 年签署谅解备忘录,俄将帮助建造至少 4 台(1 号并网,2 号在建)。2012 年签署协议,俄提供 42 亿美元出口信贷。2013 年 3 月印度议会批准 3、4 号建造,厂址工作已开始。

157

续表

出口国	项目国	项目名称	堆型	规模	进展
	约旦	阿姆拉	AES - 92	2×1050MW	俄罗斯、法国、加拿大及韩国参与投标,2013 年 10 月底,约旦选定俄罗斯为技术供应方。约旦拥有 51% 股份,俄罗斯为 49%。
	亚美尼亚	亚美尼亚电站 3 号	VVER - 1000	1×1060MW	2010 年 8 月双方签署合作协议。于 2015 年年底开工,俄方持股 50%。有报道称,俄通过降低输送给亚的天然气价格来换取核电建设参与权。
	乌克兰	赫梅利尼茨基 3、4 号	AES - 92	2×1050MW	复建工程;另外考虑再新建 2 个机组,2010 年双方签订政府间协议,俄准备提供新项目 85% 的贷款。
	捷克	泰梅林 3、4 号	AES - 2006	2×1200MW	已签合作协议,作为候选堆型。
	英国				2013 年 9 月 5 日,Rosatom 与英国能源部签署核能合作谅解备忘录,探讨在英国建设和运营 VVER 反应堆的合作机遇。Rosatom 还与劳斯莱斯、芬兰富腾公司达成协议,合作开展项目可行性研究。
	哈萨克斯坦			300～1200MW	2014 年 5 月 29 日,Rosatom 与哈萨克斯坦国家原子能公司(Kazatomprom)签署核能合作协议和核电厂建设谅解备忘录;于 2014 年下半年达成有关融资协议。

续表

出口国	项目国	项目名称	堆型	规模	进展
	匈牙利	波克什电站扩建		2台百万千瓦级	2014年1月14日政府与俄签署扩建克什核电站的协议。2月6日,国会投票通过;俄提供100亿欧元信贷额度;两台新机组计划于2025年和2030年前投运。
	埃及	Dabaa			2013年4月双方洽谈合作建设核电站以及开发铀矿;准备近期国际招标,同时表示不排除从有竞争力的大型跨国公司中直接选定一家进行合作的可能。
	南非				2013年11月双方草签核能和工业领域合作战略合作伙伴协议,俄罗斯准备帮助南非建设多台核电站。
	芬兰	Hanhikivi电站（波海约基）	AES－2006	1×1020MW	2013年12月选定俄罗斯为技术供应方,Rosatom准备收购芬兰费诺诺公司34%股份;机组计划于2024年并网;2014年2月双方签署政府间合作协定。

续表

出口国	项目国	项目名称	堆型	规模	
韩国	阿联酋	巴拉卡	APR1400	4×1400MW	1,2号在建,3,4号建造申请于2013年3月递交阿联酋核监管部门。
	越南				赢得越南第3座核电站的优先谈判权。
日本	土耳其	锡诺普	Atmeal(与法国合作)	4×1100MW	2013年5月在日本与土耳其签订合作协议;2013年10月29日签署了合作框架协议;待土耳其议会通过后,双方将拟定最终商业合同条款,今后土耳其核电建设项目中,日企都可能参与。
	英国	威尔法·奥德伯里	ABWR	(4~6)×1400MW	2012年11月,日立公司收购英国地平线,计划在威尔法和奥德伯里建造4~6台ABWR。2013年4月10日,英国核监管办公室和环境局与日立-通用公司签署协议,开始对ABWR开展总体设计评估;2013年12月4日,英国财政部与日立公司签订贷款协议。
	越南	顺宁核电站2期		2台	2010年10月与日本签订合作建设协议,目前已完成项目可行性研究,日本将协助建立核监管机构,并提供核辐射安全法规方面的培训。
美国	中国	三门1,2号;海阳1,2号	AP1000	4×1250MW	在建
	捷克	泰梅林3,4号		2×1200MW	2013年7月西屋与捷克维特科维策电力工程公司签署合同,后者将之前生产AP1000关键模块的模拟件。根据项目合作协议,若该项目采用AP1000,将由捷克进出口企业供应关键结构模块和机械设备模块。美国进出口银行2013年5月表示,若采用美国技术,愿意提供项目成本50%的贷款。

续表

出口国	项目国	项目名称	堆型	规模	
	保加利亚	科兹洛杜伊核电站7号机组	AP1000		双方就7号机组项目在进行洽谈,目前尚未协商好融资问题。
	印度	Mithivirdi		2×1250MW	2012年两屋完成初步环境评价;2013年9月签署谅解备忘录(涉及初步许可申请和厂址开发)。计划2019年首台合并网。
	中国	合山1,2号	EPR	2×1750MW	在建
法国	芬兰	奥尔基鲁托3、4号	EPR	2×1750MW	3号在建,参与4号投标。
	印度	Jaitapur核电站	EPR	4×1750MW	2010年12月印度与阿海珐签署框架协议,目前商业和技术谈判顺利,完成责任合同谈判后将签合同。
	英国	欣克利角C	EPR	2×1750MW	EPR已通过了总体设计评估;2013年10月17日,与法国电力、中广核等就合作投资建设核电项目签署战略合作协议。

数据来源:根据《能源评论》编辑部(2015)数据整理。

161

5.2.3 核电企业拓展措施

第一，加强国内核电企业在"走出去"过程中的协调性，避免内部竞争，共同拓展"一带一路"沿线市场。

中国核电在发展初期形成了多国采购、多重标准、多种机型和多重管理模式并存的现象，国内不同核电企业、不同技术标准之间的内部竞争问题仍然严重。在大亚湾核电站 M310 技术的基础上，中国广核集团和中核集团均自主研发各自的三代核电技术。在 M310 技术基础上，中核集团 1999 年开始启动 CNP1000 概念设计，在此技术上确定了 177 堆芯、单堆布置、双层安全壳等 22 项技术改进，型号更名为 CP1000。2010 年中核集团在 CP1000 基础上启动 ACP1000 研发，并在福岛核事故后按照最新要求进行改进，并以福清核电站 5、6 号机组为示范项目。中国广核集团也通过多项技术改进，在 M310 技术基础上，从 CPR1000 发展到 CPR1000 +，再到最终的 ACPR1000 + 技术，并希望在防城港核电站二期 3、4 号机组完成首堆示范。尽管 ACP1000 和 ACPR1000 + 起源于相同的技术，但经过多年发展，两种技术的堆芯、汽轮机、专设安全系统等多种技术指标已存在较大差异。为了整合两种技术、集中分散的研发力量、提升核电产业的标准化水平，2013 年开始，国家能源局开始推动 ACP1000 和 ACPR1000 + 技术的融合。2014 年 8 月 22 日，融合了 ACP1000 和 ACPR1000 + 技术的华龙一号总体技术方案通过专家审查。

尽管华龙一号在技术上进行了统一，但并未实现中国广核集团和中核集团在技术上的真正融合，仍然存在"一个技术，两个版本"或者"一个华龙，各自表述"的问题，中国广核集团和中核集团各自分散拓展海外业务，外国客户对华龙一号的两个技术版本也存在一定疑虑。为了解决上述问题，国家推动中国广核集团和中核集团共同出资成立华龙国际核电技术有限公司（以下简称华龙国际）。2016 年 3 月 17 日，由中核集团和中国广核集团共同出资的华龙国际正式揭牌成立。作为华龙技术统一平台，华龙国际将积极实施国家核电发展战略，全面落实"统一的技术路线，统一的标准，一个华龙、一面旗帜"的要求，承担华龙一号技术融合、优化和再创新的任务，统一管理并实施华龙技术、品牌、知识产权等相关资产在国内外的经营等，致力于推动华龙一号成为我国自主三代核电技术"走出去"的主力品牌。目前华龙国际在技术融合、商业模式等方面还需要进一步探索，华龙国际与中核集团、中国广核集团在"走出去"过程中的定位还需要进一步明确。

在中国的第三代核电技术中，除了华龙一号，目前还存在国核技公司（目前已合并为国家电力投资集团）主导的 CAP1400 技术。2007年，中国决定从美国西屋公司引进三代核电技术 AP1000，同时成立国核技公司作为引进、消化、吸收 AP1000 的平台。国核技公司在AP1000 基础上形成具有自主知识产权的 CAP1400 技术，该技术方案以山东荣成石岛湾核电站为国内示范项目。国电投的 CAP1400 技术与中国广核集团、中核集团的华龙一号在国内外市场定位问题上也存在一定争议。有观点认为，我国政府为引进吸收美国西屋公司的 AP1000技术、研发 CAP1400 技术专门成立了国核技公司，投入大量资金，在CAP1400 在国内市场尚未大规模建设的情况下，大量建设华龙一号核电机组将使 CAP1400 技术的前期投入无法收回，华龙一号应定位于出口，专注于海外市场；也有观点认为，华龙一号在国内没有充分的安全运营经验，难以大规模出口海外，而且国内核电市场规模大，能够容纳两种技术，两种技术同时存在能够分散国内核电建设和运营的风险。

在核电"走出去"组织协调方面，其他核电强国的经验值得借鉴。俄罗斯国家原子能公司（ROSATOM）是俄罗斯唯一的超级核电集团，业务范围涵盖整个核电产业链，为客户提供全产业链、全寿命周期的专业化服务。尽管俄罗斯国家原子能公司旗下有电站运行、电站建设等多个板块，但各个板块之间业务基本没有交叉重叠，且均在俄罗斯国家原子能公司的协调下统一运作，因而能够发挥整体优势，不存在内部竞争的问题。韩国核电发展初期也曾出现过内部竞争的问题，韩国政府采取了一系列干预措施，目前已经形成了以国家首脑为核心的核电走出去战略决策和协同体系，核电海外业务由韩国电力公司主导，韩国电力公司负责业务开拓、谈判、合同签订、建设及运行，韩国其他相关企业按照业务类型在核电产业链的某个环节为韩国电力公司提供服务。

建议国家能源局牵头，联合外交部、商务部等相关部委，以及国家开发银行、亚洲基础设施投资银行、金砖国家开发银行等金融机构，建立国家统一领导的核电"走出去"协调体系，合理划分海外市场，协调国内核电企业有序竞争，避免内部恶性竞争导致的重复建设和资源浪费。

第二，在核电发展的国内工程示范、民意基础、法律体系等方面还需要进一步完善，为核电企业开发"一带一路"市场提供坚强支撑和保障。

在国内工程示范方面，三代核电技术在国内的示范工程刚刚起步，核电走出去缺乏国内标杆项目。荣成石岛湾核电站作为CAP1400技术的示范项目，福清5、6号和防城港3、4号核电机组作为华龙一号技术的示范项目，目前均处于建设阶段，尚未投入运行，中国自主研发的三代核电技术的经济性和安全性尚无在运项目作为例证。在核能作为世界能源供应体系重要组成部分的趋势没有发生根本转变的前提下，我国应加快第三代核电机组示范工程项目建设，在确保安全的基础上加快核准新的三代核电机组，积极研究论证内陆核电建设，为开拓国际核电市场创造条件。

在法律体系方面，《原子能法》、《核安全法》等基本法律尚未出台，本应由基本法律解决的问题不得不分散地由单项法律、条例和部门规章去规范，全局性、系统性和战略性难以充分体现，不利于实现核能的安全利用、增进社会公众信心、促进核能商业开发。核安全涉及到铀矿资源的勘探和开采、核燃料循环、放射性废物处置、放射性物质运输、核技术应用、市场准入、事故应急、核损害赔偿、法律责任等多方面，目前有关核安全的法规规章无法涵盖上述方面且层级偏低，亟待以原子能法的形式明确核安全监管的主体、程序及责任，将核安全纳入法治的轨道。在原子能立法中，应参照国际通行法则，明确一个利益相对超脱、地位相对独立的权威机构专门进行核安全监管，彻底解决多头管理、职能交叉的问题。

在民意基础方面，当前我国公众核科学常识较为匮乏，核科学普及滞后，公众参与程度较低，信息公开透明程度不够，有效的信息反馈机制缺失。2007年江苏田湾核电站投产前曾在距核电站0～30千米范围内的27个村、社区进行了问卷调查，结果显示，公众对核能的担心和影响普遍存在，当有可替代的能源时，绝大多数人选择其它能源而不是核电。2010年6月，《南方周末》联合腾讯网做了一份有关"民众核电态度"的调研，总计收到50672张投票，表明对核电发展持怀疑态度的民众超过半数，对在家门口搞核电反对情绪强烈，超过半数民众认为政府的宣传不足采信，并认为公众参与未发挥有效作用。2011年10月，韶关学院对韶关曲江区白土镇核电厂址30千米左右的范围内的村、社区进行了问卷调查，在196份有效问卷中，65.9%的人赞成我国发展核电，但只有不到10%的人赞成在白土镇发展核电。随着公众话语权的不断提高，公众的态度对核电发展至关重要。应做好核科普工作，让更多的人正确、有序、合理、合法参与到核电、核燃料及其它涉核项目的规划、决策、选址、建造、运行、退役工作中，并持续做好信息公开和信息反馈，为国内核电发展创造良好的社会和舆论环境。

5.3　跨国跨洲电网互联

5.3.1　全球电力贸易现状与趋势

（1）中国与周边国家电力贸易

我国已经与俄罗斯、蒙古、吉尔吉斯斯坦、越南、老挝、缅甸六国实现电网互联互通。电网互联互通是中国与周边国家互联互通的重要组成部分，是中国与周边国家经济合作的重要内容，对于巩固中国与周边国家外交关系发挥了积极作用。跨境电力贸易作为能源贸易的组成部分，通过电力贸易中国与周边国家提升了能源安全保障水平，促进了能源资源在国家间的优化配置，为区域经济发展提供了有力支撑。其中，国家电网公司电力贸易以从俄罗斯进口电力为主，进口电力作为油气进口的补充，对于巩固我国能源安全、缓解华北及东北地区环境污染发挥了积极作用；南方电网公司电力贸易以向东南亚国家出口电力为主，对于消纳西南地区水电发挥了积极作用。

截止到2014年底，国家电网公司已建成10条与周边国家互联互通输电线路，与俄罗斯、蒙古、吉尔吉斯斯坦三国实现互联互通。其中，中国与俄罗斯电力贸易规模较大，从1992年中俄第一条跨境输电线路投运至2014年底，中国累计从俄罗斯进口电力约143亿千瓦时。

中国与蒙古国电力合作以中国向蒙古国出口电力为主，贸易规模较小，截止 2014 年底累计出口电力约 2000 万千瓦时。中国与吉尔吉斯斯坦的电力合作以中国边疆地区从吉尔吉斯斯坦进口电力为主，截止 2013 年底中国从吉尔吉斯斯坦进口电力约 100 万千瓦时。2013 年新疆通过无电地区改造工程解决了边疆地区用电问题，此后中国与吉尔吉斯斯坦的跨国输电线路停运。南方电网公司已与越南、老挝、缅甸等周边国家实现电网互联互通。截至 2015 年 10 月，南方电网公司累计对越南送电 315.45 亿千瓦时，对老挝送电 8.92 亿千瓦时，从缅甸购电 122.61 亿千瓦时，同时向缅甸边境地区供电 9974 万千瓦时。

整体来看我国电力贸易还处于发展的初级阶段，跨国互联电网的电压等级比较低，电量交换规模比较小，电量进出口贸易总额及占比也比较小。根据国家能源局的统计数据，2014 年中国电力进口 68 亿千瓦时，出口 182 亿千瓦时，进出口贸易总规模 250 亿千瓦时，仅占当年中国全社会用电量的 0.5%[①]。

（2）"一带一路"沿线国家电力贸易

"一带一路"沿线国家电力贸易量约 1300 亿千瓦时，占用电量的比例约 3.1%[②]。在"一带一路"沿线国家中，中东欧国家由于历史和地理原因电网互联紧密，电力贸易占用电量比例最高，达到 7.8%；中亚国家在苏联时期电网互联基础较好，西亚在海湾合作委员会推动下积极推进电网互联，因而中亚和西亚电力贸易占用电量的比例也相对较高，分别为 2.6% 和 1.8%。南亚和东南亚电网互联互通也取得一定成效，电力贸易占用电量比例分别为 1.4% 和 1.5%。

在中亚，中亚电网从北到南沿负荷中心呈长链式结构，在中部形成覆盖哈萨克斯坦、乌兹别克斯坦、吉尔吉斯斯坦和塔吉克斯坦

---

① 国家能源局能源统计司（2016）。

② CIA（2016）。

的 500kV 单回大环网。该中部环网向东北以一回 500kV 线路与哈萨克斯坦南部负荷中心阿拉木图电网相联,向西南以两回 500kV 线路与乌兹别克斯坦中西部电网以及塔吉克斯坦南部电网相联,中亚地区各国边境 220kV 电网联系密切。2013 年中亚地区跨境电力贸易量为 112 亿千瓦时,占用电量的比例为 2.6%。

在南亚,尼泊尔与印度之间有输电线路相连,根据双方协议,每年旱季尼泊尔从印度进口电力;每年丰水期,尼泊尔向印度出口电力。2013 年南亚地区跨境电力贸易为 148 亿千瓦时,占用电量的比例为 1.4%。

在东南亚,大湄公河次区域之间大部分国家实现了电网互联,如老挝和泰国、越南之间,柬埔寨和泰国、越南、老挝之间。此外马来西亚和泰国、新加坡也实现了跨国电网互联。2013 年东南亚地区跨境电力贸易量为 150 亿千瓦时,占用电量的比例为 1.5%。

在西亚,海湾国家合作委员会互联电网管理局积极推动跨国电网互联,沙特阿拉伯、科威特、卡塔尔、巴林、阿联酋和阿曼之间实现了电网互联。2013 年西亚跨境电力贸易量为 144 亿千瓦时,占用电量的比例为 1.8%。

在中东欧,由于历史上中东欧之间较为紧密的关系,而且中东欧国家面积小、距离近,电网联系比较紧密,俄罗斯与中东欧、俄罗斯与波罗的海国家均实现了电网互联。2013 年中东欧跨境电力贸易量为 736 亿千瓦时,占用电量的比例为 7.8%。

表 5-6　"一带一路"沿线国家电力贸易情况 (2013 年)

区域	用电量 (亿千瓦时)	跨境电力贸易量 (亿千瓦时)	跨境电力贸易量/ 用电量
东南亚	9786	150	1.5%
南亚	10936	158	1.4%

续表

区域	用电量 （亿千瓦时）	跨境电力贸易量 （亿千瓦时）	跨境电力贸易量/ 用电量
西亚	7850	144	1.8%
中亚	4317	112	2.6%
中东欧	9422	736	7.8%
"一带一路" 沿线总计	42311	1300	3.1%

注释：[1] 为避免重复计算，跨境电力贸易量只统计进口量。[2] 由于电力贸易统计数据不完善，表格中数据来自不同数据源，数据年份也不完全统一，大部分为 2013 年数据。

（3）非洲国家电力贸易

非洲各国整体上电力需求较小，大型发电项目通常需要跨国消纳，因而非洲跨国乃至跨洲电网互联需求较大，非洲各国推动跨国、跨洲电网互联的积极性较高。经过多年的发展，跨国电网互联已经积累了一定发展基础，电力贸易在用电需求中的比例也比较高，达到 6.1%。

目前东部、西部、南部、北部非洲已经分别建成了 7 条、5 条、6 条、7 条跨国线路，并通过 2 条跨洲线路分别与亚洲的约旦、欧洲的西班牙实现跨洲互联。尽管非洲跨国电网互联线路的电压等级较低，电力交换能力有限，但相对于非洲较低的用电量，跨境电力贸易占比较高。2013 年非洲跨境电力贸易规模约 366 亿千瓦时，占用电量的比例约 6.1%。

（4）美洲国家电力贸易

北美洲三国之间互联电网的电压等级较高，物理基础较好；南美洲巴西水力资源丰富，向周边国家出口电力规模较大。2013 年美洲整体电力贸易量为 1457 亿千瓦时，占用电量的 2.8%。

美国与加拿大的 7 个省电网之间有超过 100 条输电线路，电压等级为 500、230、115 千伏；美国与墨西哥之间有 27 条输电线路，大部分为交流输电线路。南美洲分别在南部和北部形成了互联电网，南部巴西、巴拉圭、阿根廷和乌拉圭电网实现互联，北部哥伦比亚、厄瓜多尔和委内瑞拉电网实现互联。中美洲巴拿马、哥斯达黎加、洪都拉斯、萨尔瓦多、危地马拉和尼加拉瓜六国电网实现互联。2014年美洲跨境电力贸易约1457亿千瓦时，占用电量的2.8%。

（5）欧盟电力贸易

欧盟把推进电网互联、扩大电力贸易作为其能源战略的重要组成部分，电力贸易是巩固欧盟能源安全、促进新能源消纳、降低能源成本的重要手段，因而欧盟成员国之间电力贸易规模较大，西欧电力贸易量占用电量的比例达到12.0%。

欧盟互联电网的发展可以追溯到1958年，首先形成了西欧联合电网。1996年西欧联合电网与欧洲中部电网实现同步互联。2009年欧洲输电运营商联盟（ENTSO－E）成立，由34个欧洲国家、42个输电系统运营商组成。目前欧洲电网主要由欧洲大陆电网、北欧电网、波罗的海电网、英国电网、爱尔兰电网等5个跨国互联同步电网组成。目前欧洲电网各成员国之间共有联络线340条，其中交流联络线318条，直流联络线22条，主要通过220/285、330、380、400千伏电压等级线路互联。2013年，西欧各国跨国电力贸易量达到3665亿千瓦时，占总用电量的12.0%。

表5－7　世界电力贸易概况（2013年）

区域	用电量 （亿千瓦时）	跨境电力贸易量 （亿千瓦时）	跨境电力贸易量/ 用电量
中国	45355	182	0.4%
"一带一路"沿线	42311	1300	3.1%
西欧	30474	3665	12.0%
美洲	52262	1457	2.8%

区域	用电量 （亿千瓦时）	跨境电力贸易量 （亿千瓦时）	跨境电力贸易量/ 用电量
非洲	5978	366	6.1%
其他地区	18354	0	0.0%
全世界	194734	6970	3.6%

注释：[1] 为避免重复计算，跨境电力贸易量只统计进口量。[2] 由于电力贸易统计数据不完善，表格中数据来自不同数据源，数据年份也不完全统一，大部分为 2012 或 2013 年数据。

（6）电力贸易发展趋势

根据 IEA 统计，2013 年全球电力贸易规模为 6970 亿千瓦时，占当年全球用电量（194734 亿千瓦时）的 3.6%。与石油和天然气贸易相比，电力贸易在电力需求中占比较小。据 BP 能源统计年鉴的数据，2015 年全球原油贸易量约 20 亿吨，消费量 43 亿吨，原油贸易占原油消费量的比例达到 47%；2015 年全球天然气贸易量约 0.7 万亿立方米，消费量约 3.5 万亿立方米，天然气贸易量占天然气消费量的比例达到 20%。

相对于其他形式的能源贸易，电力贸易占比较低，最主要的原因是技术原因，其次是能源结构的原因。在特高压技术和海底电缆技术成熟之前，电力难以长距离运输，尤其难以像油气一样大规模海上运输。在能源结构方面，长期以来形成了以石油、天然气、煤炭等化石能源为主的能源结构，油气和煤炭的利用和跨境贸易已经一百多年甚至数百年，而电力跨境贸易仅仅数十年。

展望未来，电力贸易规模将继续扩大，电力贸易在电力消费中的占比将进一步提高，电力贸易在国际能源贸易中的地位将进一步提升，原因在于制约电力贸易的能源结构问题和技术问题正逐步得到解决。

第一，电能对其他能源的替代。电能是清洁、高效、便捷的二次能源，终端利用效率高，使用过程清洁、零排放。随着全球应对气候变化措施的实施以及各国对于环境保护的重视，煤炭、石油等传统化石能源在能源结构中比例将会逐步降低，风能、太阳能、水能等清洁能源在能源结构中的比例将逐步提升。风能、太阳能、水能等清洁能源大多需要转化成电能才能够有效利用，因而能源清洁化将推动发电用能占一次能源消费比例提高，电能占终端能源消费比例提高。随着化石能源占比的降低和清洁能源占比的提高，电力贸易在能源贸易中的重要性将会提升。

第二，技术进步。风能、太阳能等清洁能源发电技术的进步和成本的降低，使大规模清洁能源开发成为可能；特高压技术使得长途输电和电力大范围优化配置成为可能；储能技术的进步能够平抑大规模清洁能源接入电网带来的波动性，提升了大电网运行和电力大规模贸易的安全性、经济性和灵活性。

2015 年 9 月 26 日，中国国家主席习近平在联合国发展峰会上发表重要讲话，倡议探讨构建全球能源互联网，推动以清洁和绿色方式满足全球电力需求。全球能源互联网作为一个超前的远景理念，反映了当前能源电力行业低碳发展、互联互通的新趋势，是能源行业提升安全保障水平、应对全球气候变化的共同举措。国家电网公司提出，全球能源互联网是以特高压电网为骨干网架、全球互联的坚强智能电网，是清洁能源在全球范围内大规模开发、配置、利用的基础平台，其实质即为"特高压电网 + 智能电网 + 清洁能源"。全球能源互联网是集能源传输、资源配置、市场交易、信息交互、智能服务于一体的"物联网"，是共建共享、互联互通、开放兼容的"巨系统"，是创造巨大经济、社会、环境综合价值的"和平发展平台"。全球能源互联网是关于世界能源可持续发展的重大战略创新，为解决资源紧张、环境污染、气候变化三大难题提出了全新的解决方案。

5.3.2 扩大中国与周边国家电网互联互通

中国与周边国家互联互通是全球能源互联网的重要组成部分，目前已经积累了丰富经验，未来需要结合项目情况，进一步研究和推进中国与周边国家电网互联互通、扩大电力贸易，优化中国与周边国家能源资源的配置水平。

（1）中蒙电网互联互通

蒙古国煤炭以及风能、太阳能等可再生能源丰富，且离中国京津冀等电力负荷中心距离较近，中蒙边界离北京最近距离仅五百多公里。鉴于蒙古短期内难以消纳煤炭和可再生能源，可考虑进一步扩大中蒙电网互联互通规模，在蒙古境内建设燃煤电站、风电及太阳能发电站，将电力输送到中国京津冀地区。中蒙两国已经建立了全面战略伙伴关系，蒙古国也出台了一系列支持措施鼓励外国投资者在蒙古国境内投资发电等能源电力项目，当前扩大中蒙电力合作面临重要机遇。目前中国煤炭企业、发电企业和电网企业已经对蒙古境内电源开发和中蒙电网扩大互联开展了可行性研究，未来中蒙能源电力企业以及国际能源电力企业可进一步研究探索并推进中蒙电网互联互通项目，扩大中国从蒙古国进口电力规模，提升中国能源进口多元化程度，同时拉动蒙古国经济社会发展水平。

（2）中俄电网互联互通

中俄电力合作已经有 20 多年的历史，目前双方已经建成了多条跨国输电线路。2013 年 3 月 22 日，在习近平主席和普京总统的见证下，国家电网公司与俄统一电力国际公司在克里姆林宫签署了《关于开展扩大中俄电力合作项目可行性研究的协议》，双方决定共同开发俄罗斯远东、西伯利亚地区资源，建设大型煤电输一体化项目，通过特高压跨国直流输电线路向中国送电。双方将启动项目可行性研究，这标志着在中俄能源合作框架内的电力合作开启了更大合作空间。目前双方正合作开展预可研工作。经过双方共同努力，中俄电力合作不断深化，取得了显著成效。中国从俄罗斯进口电力，减轻了中国能源、资源和环保压力，为保障经济安全起到了积极的作用。中俄电力合作已经成为中俄两国增进合作的重要抓手，为加强中俄全面战略协作伙伴关系发挥了重要作用。

（3）中巴电网互联互通

巴基斯坦能源相对贫乏，能源自给率较低。近年来，巴基斯坦电力供应极为紧张，尽管巴基斯坦政府通过加大电力投资、引入外资和民间投资等方式，促进发电装机容量增长，但电力供应仍难以满足需求，电力缺口呈逐年增大趋势。与巴基斯坦接壤的新疆是我国重要的能源供应和储备基地，煤炭、石油、天然气、水能和风能储量丰富，近年来新疆电力供需整体呈富余状态。实现新疆与巴基斯坦电网的互联互通，有助于巴基斯坦在较短时间内有效解决电力紧缺问题，有利于推动"中巴经济走廊"建设，进一步稳固中巴全天候战略伙伴关系。巴基斯坦地缘政治和能源战略地位重要，目前中亚和南亚国家正在积极实施跨国电力合作，实施中巴电力合作有助于我国在区域电力合作等方面争取主动权。中巴电网互联还有助于新疆发挥优越的地缘优势，将其能源资源优势转换经济优势，促进新疆尤其是南疆地区大规模煤炭就地转化，推进电力工业快速发展。

（4）中国与尼泊尔电网互联互通

长期以来，尼泊尔电力供需矛盾异常突出，电力供应严重不足，目前供电人口仅为40%左右。尼泊尔电网与印度北方电网已经同步联网运行，而与中国接壤的北方大部分地区尚未被主网架覆盖。中国与尼泊尔电网互联具有必要性和可能性。从必要性来看，实现中国与尼泊尔电网联网，是贯彻落实"一带一路"国家战略的具体举措,能够加强我国与尼泊尔等周边国家的联系和交流。此外,规划的中尼铁路为电气化设计,已投运的拉日铁路电气化改造也提上了日程。为满足尼泊尔加德满都及其周边地区用电需要,并保障中尼铁路安全可靠供电,建设中国—尼泊尔电网联网工程是必要的。从可能性来看,"十三五"期间,西藏电网将主要通过新增外区电网联网通道,提升受电能力,彻底解决枯水期缺电问题,并为水电等清洁能源开发及外送创造条件。

5.3.3 参与沿线其他跨国跨洲电网互联项目

中国运行着世界上电压等级最高、规模最大的电网系统,且未发生大规模停电事故,在大电网投资、建设、运营等方面积累了丰富的经验。为了提升能源资源配置能力、确保能源安全、促进低碳发展,当前东盟、中亚、南亚、独联体等地区均提出了规模庞大的跨国联网计划,部分项目已经开始运营或者正在建设,更多项目还在前期筹划过程中。大规模的电网互联计划为中国电网企业发挥专业优势参与项目投资、建设、运行提供了有利机遇。

(1)东盟电网互联计划

1997年,东盟各国就开始酝酿电力、天然气及水资源的跨区域连接,关于电力的设计于2003年获得东盟各成员国认可之后逐步发展成"东盟电网"计划。2007年,各成员国签署"东盟电网计划"谅解备忘录,即构建一个覆盖了泰国、越南、老挝、缅甸、新加坡、印尼等十多个国家的次区域跨国电网—东盟电网。东盟电网互联计划(The ASEAN Power Grid,简称APG)旨在加强东南亚区域能源安全,推进电力的高效利用和能源共享。该计划包含了16个已建、在建和未来规划的电网项目,计划首先发展跨国双边项目,逐步扩展到局部区域电网互联,最后达到整个东南亚电网一体化的目的。

APG 计划投资规模预计在 59 亿美元。APG 计划到 2020 年之前，通过建设输电线，连通东盟十国，实现东盟国家间能源长期安全稳定输送，加强电力区域合作，优化能源结构，实现统一技术标准和运行规程。目前东盟国家互联电网发展还处在基于邻近国家互联的双边合作第一阶段，但分区的互联电网已经初具雏形，泰国与老挝、泰国与柬埔寨、越南与老挝、越南与柬埔寨等大湄公河次区域国家形成局部互联电网。在东盟国家规划的 16 项跨境互联工程中，有 5 项工程已经投运，4 项工程在建设，规划待实施的工程 7 项。

（2）中亚—南亚联网项目（CASA – 1000）

中亚—南亚联网项目（CASA – 1000）将吉尔吉斯斯坦和塔吉克斯坦两国富余电力输送到缺电的巴基斯坦、阿富汗等南亚地区，填补当地的电力缺口，通过 500kV 交直流输电线路实现吉尔吉斯斯坦、塔吉克斯坦、阿富汗和巴基斯坦等国家电网互联，主要建设内容包括吉尔吉斯斯坦境内输电线路、塔吉克斯坦境内现有线路改造以及交直流换流站、从塔吉克斯坦经阿富汗到巴基斯坦境内的 500kV 直流输电线路和巴基斯坦境内的换流站。项目已完成技术经济评价、环境与社会评价并已经开始国际招标。中国电力企业能够发挥资金、技术、建设、运营和装备优势，参与中亚—南亚联网项目及相关电源项目，进一步扩大在中亚和南亚的市场。

（3）独联体电网互联计划

俄罗斯—独联体电网（The Integrated Power System and Unified Power System of Russia，简称 IPS/UPS）是欧洲电网的一部分，覆盖俄罗斯、乌克兰、白俄罗斯、摩尔多瓦、格鲁吉亚、阿塞拜疆、哈萨克斯坦、乌兹别克斯坦、塔吉克斯坦、吉尔吉斯斯坦、立陶宛、拉脱维亚、爱沙尼亚和蒙古共 14 个国家，横跨 8 个时区，是世界上覆盖面积最大的同步电网。为了扩大电力贸易规模，未来俄罗斯将建设多条输电线路连接中东欧、北欧及独联体。根据规划,俄罗斯将以加里宁格勒州为中心,加快开展与波兰、德国和立陶宛之间的输电联络线建设,并推动新建白俄罗斯至波兰、摩尔多瓦至罗马尼亚的输电线路,提升整个中东欧及独联体地区的电网互联水平。

(4) 亚洲超级电网计划

日本、俄罗斯、蒙古等国家都曾提出构建连接亚洲的超级电网,促进亚洲尤其是东亚、东北亚地区新能源开发,巩固能源安全水平。日本可再生能源基金会(JREF)提出了亚洲超级电网计划,以蒙古的可再生能源电力为基础,建设一个连接蒙古、日本、俄罗斯、中国和韩国的泛亚洲跨国电网,将蒙古的可再生能源电力通过超高压直流电缆输送到亚洲的用电大国。该项目第一阶段则是实现日本与韩国、中国的电网互联,然后向亚太地区其他国家(地区)延伸。日本政策委员会提出了"亚太电网互联计划"(Asia – Pacific Electricity Interconnection),推动实现东亚国家与东盟国家以及澳大利亚的电网互联,准备连接日本、菲律宾及中国台湾地区,延伸至东南亚国家,预计2050年完成。日本政策委员会将分阶段推动与实施,第一步是在2020年实现与韩国的电网互联。俄罗斯也提出了亚洲超级电网计划,开发蒙古国戈壁的风电与太阳能、俄罗斯远东地区的水电与火电、中国的风电与太阳能、韩国和日本的光伏与风电,实现连接俄罗斯、中国、蒙古国、韩国和日本的泛亚洲跨国电网。亚洲超级电网计划实施难度较大,面临比较复杂的地缘政治、技术标准、法律制度等方面的问题。但是在超级电网框架下部分跨国电网互联项目具有可行性,为中国企业参与跨国电网建设提供了机遇。

5.4　油气合作

5.4.1　油气合作进展

"一带一路"沿线是世界上油气资源最为丰富的地区,油气合作是中国与"一带一路"沿线国家能源合作的重要内容。"一带一路"沿线是中国最重要的油气进口来源地区,为了确保油气进口安全,目前中国已经构建了四大油气进口战略通道。除此之外,国内油气企业在"一带一路"沿线积极拓展油气资源合作和产能合作,为巩固我国能源安全、促进当地经济发展、实现互利共赢发挥了重要作用。

第一,形成四大油气进口战略通道。我国坚持在开放格局中维护能源安全,大力推进油气管道互联互通,目前西北、东北、西南和海上四大油气进口战略通道格局初步形成,为保障我国能源安全发挥了重要作用。东北油气进口通道即中俄石油管道;西北油气进口通道包括中哈原油管道和中亚天然气管道;西南油气进口通道即中缅油气管道;海上油气进口通道即通过油轮、LNG船将油气从中东、非洲等地区运输到东南沿海。

第二,油气行业资源合作成效显著。中石油在"一带一路"沿线19个国家执行近50个油气合作项目,"一带一路"沿线已成为中石油海外油气产量和经济效益的主要来源地,中石油海外千万吨级大型油气生产项目75%位于"一带一路"沿线国家。中石化在"一带一路"沿线11个国家有18个油气合作项目,累计获得权益油气6100万吨油当量。中海油目前在"一带一路"沿线的伊拉克、卡塔尔、印度尼西亚、缅甸等国家执行 8 个油气合作项目。

第三，油气行业产能合作快速发展。"十二五"期间，中国石化与"一带一路"沿线国家新签国际业务合同 46 个，合同额 78 亿美元，尤其在中东、中亚和东南亚地区业务发展步伐加快。目前中国石化已成为沙特、科威特第一大钻井承包商。截至 2016 年底，中国石化在"一带一路"沿线国家建成了 6 个炼油化工和仓储物流项目。中石油和中海油工程建设和工程技术业务板块也将"一带一路"沿线作为重要目标市场，业务拓展取得显著成绩。

5.4.2 油气合作重点举措

（1）大力推进油气管道互联互通

加强"一带一路"油气管道互联互通规划，立足于国家安全，根据"一带一路"油气资源分布与流向、我国油气资源进口渠道及油气资源供需状况，结合我国现有的、潜在的海外油气合作项目经验总结与优势分析，统筹规划管理未来的油气管道，保障我国油气资源供应的经济性与可靠性。

推动陆上油气管网互联，确保油气管网安全。加强西北及东北油气运输战略通道，优化运营西南油气战略通道。按计划推进建设中俄原油管道二线工程、中俄天然气管道东线工程等一系列重点油气管道项目。加快建立跨国油气管道安全稳定运行机制，共同维护油气管道基础设施安全。推动与俄罗斯、中亚相关国家联合建立管道安全应急中心。

巩固海上油气运输通道，维护海上油气运输安全。在稳定原有的运输路线基础上，中国应继续加强新的油气通道的建设，进一步降低中国对于海上运输通道的过分依赖，缓解"马六甲困境"带来的影响。建设海洋强国，增强海上军事力量，在保证陆地安全的同时，对海洋方向给予一定的政策倾斜，维护海上石油通道安全。与国际社会共同打击和治理海盗及海上恐怖主义,逐步铲除海盗和恐怖主义得以滋生的土壤。妥善处理南海问题,坚持双边谈判与协商原则,力避南海问题国际化,并防止东盟国家形成对中国不利的一致立场,同时探讨对南海岛礁的各种不同管控方式,持续扩大南海维权范围和力度,防止南海事态升级和向不利于中国的方向转化[①]。

(2)加大油气资源开发合作

以油气上游为合作重点,坚持石油与天然气并举,常规资源与深层、深海、非常规资源并举的合作思路[②]。提升重点区域油气合作规模和质量,积极拓展重点资源国油气合作业务,大力优化布局和资产结构。运作好现有大型油气项目,以通道建设促上游,开拓俄罗斯东西伯利亚和远东以及北极大陆架等地区油气开发合作机会。围绕重点区域布局,按照资产契合、区域互补、战略协同的标准,引进战略投资者,抓住低油价时机,积极捕捉资产和公司并购机会,实现油气合作业务的跨越式发展。

(3)积极开展油气行业产能合作

加快自动化钻机、高效节能采油设备、抗腐蚀油井管、LNG成套设备、水下油气开采装备、新一代物探测井仪器、超大功率压裂设备、油气污水处理设备、非常规油气开采设备、大型反应器、高精尖炼化仪表等高端新产品研发和产业化进程,调整产品结构,提高产品附加值,促进产业转型升级,提升石油和石化装备的产品质量和国际竞争力。发挥我国油气工程技术领域产业优势,大力发展"一带一路"沿线国家钻井、测井、修井等油气开发工程服务市场,拓展炼油化工、油气储运合作领域。有序推进油气装备在"一带一路"国家建厂,加快建设组装制造、维修检测和仓储项目,不断提高我国油气装备在国际市场的占有率和影响力。发挥产业链协同优

---

① 张明明(2015)。
② 杨晶、高世宪(2015)。

势,通过石油和石化海外投资项目带动上下游产业、工程、技术、装备及相关服务业"走出去"。大力发展产品研发、制造、销售、服务综合一体化业务,为"一带一路"沿线国家石油企业提供一揽子解决方案,拓宽业务领域和收入来源。

(4) 优化油气合作配套政策措施

在财税政策上,推动"一带一路"沿线国家和地区加强财政资金支持跨国油气管道项目力度,出台优惠财税措施,提升跨国油气管道项目的经济性;在金融政策上,推动"一带一路"国家和地区出台投融资便利化措施,拓展油气管道互联互通项目融资渠道,增加保险保障手段;在简政放权方面,协调"一带一路"沿线国家和地区对跨境油气管道项目减少审批环节,加快审批流程,为项目实施创造良好的政策环境;在标准合作方面,推动"一带一路"沿线国家和地区共同制定油气管道相关国际标准,面向东盟、俄罗斯、中亚、中东欧等重点国家和区域开展标准化油气管道互联互通项目。

进一步强化能源外交①。提高能源外交在总体外交战略中的地位,营造国际油气合作的良好外部环境。与"一带一路"沿线主要国家构建定期高层互访和双边、多边磋商机制;加大对企业开展互利合作能源项目的外交支持力度,在劳务签证、税收返还、物资商检、清关手续、员工本地化等方面与合作国加强磋商,保证合作项目正常推进;建立投资保护、税收、外汇、海关、劳务许可、标准等领域的协调机制;建立国家层面的重大合作项目、管网平稳运行应急协调机制。

建立和完善若干石油天然气交易中心。重点选取上海、南方重点城市、西部重点城市等作为交易中心所在地,先开展现货交易,再开展期货交易,与油气行业市场化改革协同推进。加快建设上海

---

① 张晶、朱颖超 (2015)。

国际能源交易中心，丰富石油金融衍生品种类。开发标准化的期权、掉期等衍生品合约。开放石油金融市场参与主体，放宽国内企业限制，吸收境外交易者。建立健全金融市场相关法律体系，研究制订期货和金融衍生品法律，提出适用于东亚区域的合理的交易规则。

参考文献

［1］ BP（2015）："BP Statistical Review of World Energy"，http：//
www. bp. com/content/dam/bp/pdf/energy – economics/statistical – review –
2015/bp – statistical – review – of – world – energy – 2015 – full – report. pdf.

［2］ CIA World Factbook，https：//www. cia. gov/library/publications/the
– world – factbook/index. html.

［3］ 陈福来、高燕、陈相、卫庆远（2014）："哈萨克斯坦原油出
口管道发展现状与趋势"，《国际石油经济》，2014 年第 12 期。

［4］ 陈方强、王青松、王承智（2014）："我国核电公众态度和参
与现状及对策"，《能源研究与信息》，2014 年第 1 期。

［5］ 柴利（2013）：《中国与中亚国家能源合作对策研究》，社会科
学文献出版社，2013 年。

［6］ 陈喜峰、叶锦华、蔡纲、向运川、陈秀法、陈正（2015）：
"印度海外化石能源战略布局及其启示"，《资源与产业》，2015 年第
4 期。

［7］ 陈阳（2007）："印度失手缅甸天然气竞争"，《世界知识》，
2007 年第 13 期。

［8］ 国家能源局能源统计司（2016）：《中国能源统计年鉴2015》，
中国统计出版社，2016 年。

[9] 高淑琴、彼得·邓肯 (2013)："从北流天然气管道分析俄罗斯与欧盟的能源安全关系",《国际石油经济》,2013 年第 8 期。

[10] 龚婷 (2014)："中亚能源及中国与中亚能源合作",《世界能源发展报告 (2014)》,社会科学文献出版社,2014 年。

[11] 蒋小林 (2013)："哈萨克斯坦矿产蕴藏量、开采和投资情况",中国驻哈萨克斯坦大使馆经商参处,http://kz. mofcom. gov. cn/article/ztdy/201307/20130700198490. shtml。

[12] 孔田平、刘作奎、黄平 (2015)："乌克兰危机与欧盟:起源、应对与影响",《欧洲发展报告 (2014 - 2015)》,社会科学文献出版社,2015 年。

[13] 陆京泽 (2014)："欧美经济制裁对俄罗斯石油和天然气公司的影响",《国际石油经济》,2014 年第 10 期。

[14] 刘伟 (2006)："巴基斯坦能源状况及政策",《国土资源情报》,2006 年第 5 期。

[15] 罗佐县、杨国丰、李明岩 (2014)："制裁背景下西方跨国石油公司对俄投资策略分析",《国际石油经济》,2014 年第 10 期。

[16]《能源评论》编辑部 (2015)："凭什么?中国核电'走出去'前瞻",《能源评论》,2015 年第 6 期。

[17] 缪建春 (2009)："南亚区域能源合作的现状与前景",《中外能源》,2009 年第 6 期。

[18] 戚爱华、曹斌、徐舜华、胡勇 (2015)："俄罗斯原油生产和出口现状及未来趋势",《国际石油经济》,2015 年第 2 期。

[19] 苏春雨 (2015)："从乌克兰危机看土耳其能源战略地位",《国际石油经济》,2015 年第 8 期。

[20] 世界银行数据库,http://data. worldbank. org. cn.
ITC 数据库,http://www. trademap. org/Index. aspx.

[21] 孙力 (2015)："形势基本稳定,挑战明显增多",《中亚国家

发展报告 2015》，社会科学文献出版社，2015 年。

[22] 田文林（2015）："阿拉伯世界进入新的动荡期"，《阿拉伯发展报告（2014-2015）》，社会科学文献出版社，2015 年。

[23] 王保群、张文新、林燕红、王立献（2014）："俄罗斯出口天然气管道现状与发展趋势"，《国际石油经济》，2014 年第 10 期。

[24] 赵会荣（2013）："关于'欧盟在中亚'的几个重要问题"，《中亚国家发展报告（2013）》，社会科学文献出版社，2013 年。

[25] 吴宏伟（2015）："丝绸之路经济带建设与中亚国家发展战略"，《中亚国家发展报告（2015）》，社会科学文献出版社，2015 年。

[26] 王海燕（2016）："中国与中亚的能源合作进展与挑战"，《中亚国家发展报告 2016》，社会科学文献出版社，2016 年。

[27] 王海燕（2015）："俄罗斯与哈萨克斯坦油气合作评析"，《国际石油经济》，2015 年第 7 期。

[28] 王海燕、何金波、毕明（2015）："南流管道命运与俄欧乌天然气市场变局"，《国际石油经济》，2015 年第 3 期。

[29] 王京、王建军、曹伟、王海燕、赵书怀（2012）："俄罗斯天然气资源现状及潜力分析"，《国际石油经济》，2012 年第 12 期。

[30] 王陆新、赵先良、岳来群："'一带一路'视角下的土耳其天然气战略地位"，《国际石油经济》，2015 年第 12 期。

[31] 王勤（2015）："东盟将跨入共同体时代"，《东南亚地区发展报告（2014-2015）》，社会科学文献出版社，2015 年。

[32] 王素华、郑俊章、高书琴（2014）："俄罗斯石油资源现状及开发潜力"，《国际石油经济》，2014 年第 3 期。

[33] 王晓丽（2015）："阿拉伯世界教派冲突及其影响"，《阿拉伯发展报告（2014-2015）》，社会科学文献出版社，2015 年。

[34] 王岩（2014）："东盟实施互联互通战略及其成效"，《东南亚地区发展报告（2013-2014）》，社会科学文献出版社，2014 年。

[35] 王震 (2015):"当前阿拉伯世界油气市场的深度分析",《阿拉伯发展报告 (2014-2015)》,社会科学文献出版社,2015 年。

[36] 吴兆礼 (2012):"美国'新丝绸之路计划探析'",《现代国际关系》,2012 年第 7 期。

[37] 徐洪峰、王海燕 (2015):"乌克兰危机背景下美欧对俄罗斯的能源制裁",《美国研究》,2015 年第 3 期。

[38] 徐海燕 (2013):"中国与中亚的能源'双轨'合作",《国际问题研究》,2013 年第 6 期。

[39] 余功铭、王轶君、钟文新 (2014):"印度油气工业现状及发展趋势",《国际石油经济》,2014 年第 11 期。

[40] 殷婷 (2014):"美国与东盟合作的战略调整及其面临的挑战",《东南亚地区发展报告 (2013-2014)》,社会科学文献出版社,2014 年。

[41] 杨晶、高世宪 (2015):"依托'一带一路'深化油气国际合作",《中国能源》,2015 年第 12 期。

[42] 岳小文 (2009):"俄罗斯 2030 年前天然气行业发展总体纲要概述",《国际石油经济》,2009 年第 6 期。

[43] 岳小文 (2015):"2014 年俄罗斯油气工业综述",《国际石油经济》,2015 年第 4 期。

[44] 朱翠萍 (2016):"莫迪政府大国发展战略的地缘政治考量",《印度洋地区发展报告 (2016)》,社会科学文献出版社,2016 年。

[45] 中国国土资源部网站 (2010):"土库曼斯坦能源简介",http://www. energypo. org/turkmenistans-energy-profile。

[46] 张旌完 (2014):"俄弃建'南溪'南欧不死心",新华网,http://news. xinhuanet. com/world/2014-12/11/c_ 127294060. htm。

[47] 张圣鹏 (2013):"哈萨克斯坦积极发展可再生能源",中国驻哈萨克斯坦大使馆经商参处,http://kz. mofcom. gov. cn/article/ztdy/

201303/20130300042830. shtml。

［48］张晶、朱颖超（2015）："落实'一带一路'油气合作的战略构想"，《中国石油报》，2015 年 3 月 3 日。

［49］张明明（2015）："论中国海上油气通道安全"，《当代世界》，2015 年第 3 期。

［50］张晓慧、肖斌（2014）："欧盟与中亚及外高加索地区国家能源合作：政策、战略和前景"，《国际经济合作》，2014 年第 4 期。